Palīgā!

MĀCĪBGRĀMATA PIEAUGUŠAJIEM

Šīs sērijas izdevumi top ar Eiropas Savienības, Dānijas, Nīderlandes, Norvēģijas, Somijas, Zviedrijas un UNDP finansiālu atbalstu

LVAVP

1. līmenis

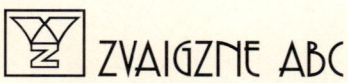 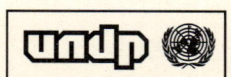 

811.174 (075.4)
Bu 190

"Palīgā" ir Latviešu valodas apguves valsts programmas (LVAVP) sagatavots mācību līdzeklis visiem, kas sāk mācīties latviešu valodu.

Mācībgrāmata veidota saskaņā ar starptautisko un nacionālo ekspertu misijas ieteikumiem, kas izstrādāti Apvienoto Nāciju Attīstības programmas (UNDP) ietvaros.

Grāmatu finansējušas UNDP, ES, Norvēģija, Dānija, Zviedrija, Somija un Nīderlande.

Inta Budviķe, Brigita Šiliņa, Rota Vizule
PALĪGĀ!
Gramatikas pielikumu veidojusi *Ilva Ieviņa*
Vārdnīcu sastādījusi *Ilze Āboltiņa*

Ingunas Kļavas un *Edgara Švanka* ilustrācijas, datorgrafika un makets

Redaktores *O. Burkevica, M. Taube*
Tehn. redaktore *I. Klotiņa*
Korektore *A. Poļakovska*

Apgāds Zvaigzne ABC
Reģistr. nr. 2-1060. Red. nr. K-473

© 1998, LVAVP, UNDP
ISBN 9984-17-096-9

SATURS

SATIKŠANĀS UN IEPAZĪŠANĀS — 5

ILZE IR SLIMA — 25

KO VAR, BET NEDRĪKST UN KO NEVAR, BET DRĪKST — 45

MĀJA UN ĢIMENE — 69

DARBS UN NAUDA — 87

KĀDS VIŅŠ IR? — 105

DĀVANA — 117

PIELIKUMS — 133

LIETOTIE APZĪMĒJUMI

 Iegaumē!

 Sieviešu dzimte (vienskaitlis)

 Vīriešu dzimte (vienskaitlis)

 Sieviešu dzimte (daudzskaitlis)

 Vīriešu dzimte (daudzskaitlis)

1. nodaļa
SATIKŠANĀS UN IEPAZĪŠANĀS

Iepazīsimies!

– Labdien! Mani sauc Ilze Kronīte.

– Ļoti patīkami! Es esmu Andrejs Popovs.

1. Veidojiet dialogus!

Erna Lapa

Toms Strazds

Rūdis Liepiņš

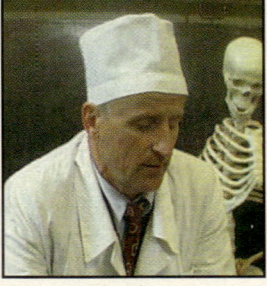
Juris Kronītis

Rota Kronīte

Džons Kārters

2. Papildiniet dialogus!

① – Kā tevi sauc?
– Mani _____ Jana.
   Un kā tevi sauc?
– Mani _____ Juris.

② – Kā jūs sauc?
– Mani _____ Elza.
   Un kā jūs sauc?
– Mani _____ Jēkabs.

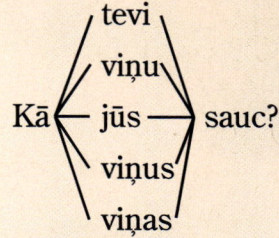

Kā ⟨ tevi / viņu / jūs / viņus / viņas ⟩ sauc?

③ – Kā viņu sauc?
– Viņu _____ Ieva.

④ – Kā viņu sauc?
– Viņu _____ Raivo.

3. Papildiniet!

1. Vai tu esi Ilze?
Nē, es neesmu Ilze.
2. Vai viņš _____ Andrejs?
Jā, viņš _____ Andrejs.
3. Vai jūs _____ Rūdis un Erna?
Nē, mēs _____ Rūdis un Erna.
4. Vai viņa _____ Jana?
Nē, viņa _____ Jana.

es	esmu	neesmu
tu	esi	neesi
viņš / viņa	ir	nav
mēs	esam	neesam
jūs	esat	neesat
viņi / viņas	ir	nav

Jā, viņš **ir** …
Nē, viņš **nav** …

4. Izlasiet pareizi!

aptieka	banka	kafejnīca	kino

teātris	muzejs	skola	stadions

poliklīnika	baseins	policija	stacija

cirks	universitāte	kiosks	trolejbuss

opera	bibliotēka	restorāns	parks
		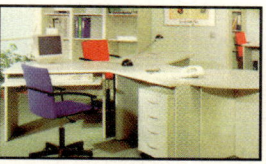	
tramvajs	katedrāle	birojs	tirgus

Pilsētā

kas?	kur?
parks	parkā
teātris	teātrī
tirgus	tirgū
aptieka	aptiekā
klase	klasē

Kur ir Anna? Parkā. Anna ir parkā.
Kur ir parks? Tur. Parks ir tur.

5. Jautājiet! Atbildiet! Papildiniet!

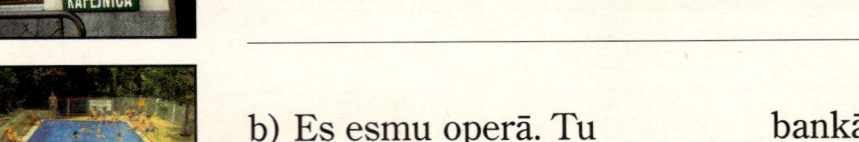

a) Kur ir Inga?
Inga ir _____
_____
_____
_____
_____

b) Es esmu operā. Tu _____ bankā.
Viņš _____ baseinā. Mēs _____ skolā.
Vai jūs _____ birojā? Nē, mēs _____ klubā.
Vai tu _____ mašīnā? Es _____ autobusā.
Vai mēs _____ studijā? Nē, mēs _____ kazino.

6. Ieraksti!

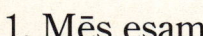

1. Mēs esam *Rīgā*.

2. Ilze un Andrejs ir _____ .
   Viņi brauc uz staciju.

3. _____ ir pasažieri un tūristi.

4. Tūristi brauc uz muzeju. _____ ir fotogrāfs.
   Viņš fotografē tūristus.

5. Rūdis ir _____ .
   Viņš brauc uz staciju.

6. Toms Strazds brauc uz banku.
   Viņš strādā _____ .

Kur tu dzīvo?

kas?	kur?
pil**s**	pil**ī**
Daugavpil**s**	Daugavpil**ī**
Major**i**	Major**os**
Olain**e**	Olain**ē**
Krāslav**a**	Krāslav**ā**

8. Turpiniet!

Ventspils – Ventspilī   Kolka _____
Krustpils _____   Liepāja _____
Jēkabpils _____   Jūrmala _____
Limbaži _____   Tērvete _____
Dubulti _____   Babīte _____
Talsi _____   Dobele _____

9. Atbildiet!

1. Kur Ilze dzīvo?   Viņa dzīvo Rīgā.
2. Vai Andrejs dzīvo Daugavpilī?   Nē, viņš dzīvo Rīgā.
3. Kur tu dzīvo?
   _____
4. Kur jūs dzīvojat?
   _____
5. Kur viņi dzīvo?
   _____

es	dzīvo**ju**
tu	
viņš	dzīvo
viņa	
mēs	dzīvo**jam**
jūs	dzīvo**jat**
viņi	dzīvo
viņas	

Cik?

0	nulle				
1	viens	11	vienpadsmit	21	divdesmit viens
2	divi	12	divpadsmit	...	...
3	trīs	13	trīspadsmit	30	trīsdesmit
4	četri	14	četrpadsmit	40	četrdesmit
5	pieci	15	piecpadsmit	50	piecdesmit
6	seši	16	sešpadsmit	60	sešdesmit
7	septiņi	17	septiņpadsmit	70	septiņdesmit
8	astoņi	18	astoņpadsmit	80	astoņdesmit
9	deviņi	19	deviņpadsmit	90	deviņdesmit
10	desmit	20	divdesmit	100	simts, simt

10. Uzrakstiet, kur jūs dzīvojat un kāds ir jūsu telefona numurs!

Es dzīvoju Rīgā, Brīvības ielā 46 dzīvoklis 11, telefons (tālrunis) 7243651.

Cik ir pulkstenis?

11. Uzrakstiet, cik ir pulkstenis!

Pulkstenis ir seši (astoņpadsmit).

   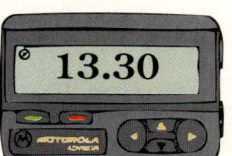

Pulkstenis ir pusseši (pieci un trīsdesmit minūtes; septiņpadsmit un trīsdesmit minūtes).

15

Pa kreisi, taisni uz priekšu, pa labi

16

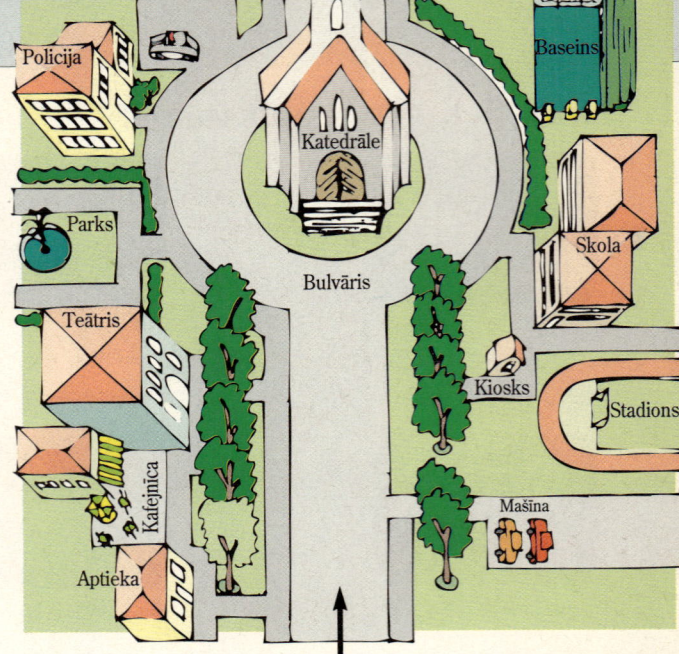

⟵ pa kreisi   taisni uz priekšu   pa labi ⟶

12. Pastāstiet!

Pa labi ir skola, ...   Pa kreisi ir ...
Taisni uz priekšu ir ...

13. Jautājiet!

1. Kur ir stadions?   Stadions ir pa labi.
2. _____ Baseins ir te.
3. _____ Teātris ir pa kreisi.
4. _____ Tirgus ir tur.
5. _____ Ilze ir skolā.
6. _____ Šoferis ir garāžā.
7. _____ Profesors ir lekcijā.
8. _____ Rūdis ir Rīgā.

Kur ir banka?
Pa kreisi.
Banka ir pa kreisi.

Kur ir tualete?
Pa labi.
Tualete ir pa labi.

Kur ir policija?
Taisni uz priekšu.
Policija ir tur.

Kur tu esi?
Es esmu te.

14. Atbildiet!

1. Vai te ir banka?
Jā, _____
2. Vai tualete ir pa kreisi?
Nē, _____
3. Vai policija ir pa kreisi?
Nē, _____
4. Vai tu esi policijā?
Jā, _____

Kas tu esi? Kur tu strādā?

15. Pastāstiet!

Tā ir Ilze. Ilze ir skolotāja. Viņa strādā skolā.

kasieris

policists

pavārs

pārdevējs

farmaceits

fotogrāfs

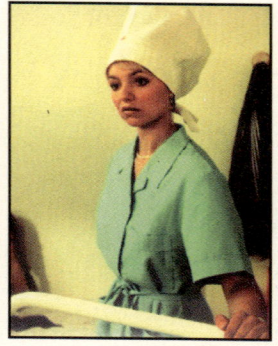

medmāsa

sētnieks

Es neesmu ārste. Tu neesi pavārs. Viņš nav šoferis.
Es esmu skolotāja. Tu esi gleznotājs. Viņš ir profesors.

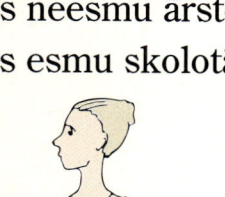  

Viņa nav juriste. Mēs neesam juristi. Jūs neesat fotogrāfi.
Viņa ir balerīna. Mēs esam fotogrāfi. Jūs esat ārsti.

Viņi nav biologi. Viņas nav ārstes.
Viņi ir oficianti. Viņas ir pavāres.

16. Ierakstiet!

1. Es neesmu gleznotājs.   Es esmu šoferis.
2. Mēs _____ pavāri.   _____ ārsti.
3. Jūs _____ ekonomistes.   _____ kasieres.
4. Tu _____ oficiante.   _____ farmaceite.
5. Viņa _____ aktrise.   _____ sekretāre.
6. Viņi _____ mehāniķi.   _____ policisti.
7. Viņš _____ makšķernieks.   _____ biologs.
8. Viņas _____ advokātes.   _____ terapeites.

inženier**is**	inžener**e**	ekonomist**s**	ekonomist**e**
biolo**g**	biolo**ģe**	direktor**s**	direktor**e**
sekretār**s**	sekretār**e**	gleznotāj**s**	gleznotāj**a**
mūziķ**is**	mūziķ**e**	pensionār**s**	pensionār**e**

17. Ierakstiet!

filologs		ārsts	
	žurnāliste	jurists	
mūziķis			tūriste
	profesore		skolotāja
prezidents			kasiere
	meistare	advokāts	
mehāniķis			terapeite

es strādāju
tu
viņš ⟩ strādā
viņa
mēs strādājam
jūs strādājat
viņi ⟩ strādā
viņas

18. Jautājiet! Atbildiet!

1. Kas ir Ilze?   Kur Ilze dzīvo?   Kur Ilze strādā?
Ilze ir skolotāja. Viņa dzīvo Rīgā.   Viņa strādā skolā.
2. ... Andrejs?
3. ... Kronītis?
4. ... Erna?
5. ... jūs?

Ilze Kronīte ir skolotāja. Viņa strādā skolā. Ilze ir laba skolotāja. Viņa māca latviešu valodu, literatūru, matemātiku, fizisko audzināšanu.

Juris Kronītis nav skolotājs. Viņš ir profesors un Medicīnas akadēmijā lasa lekcijas. Profesors Kronītis ir gudrs ārsts. Viņš strādā Paula Stradiņa slimnīcā. Tur strādā labi speciālisti. Viņi ārstē slimniekus.

Slimnīcā ir Ieva. Ieva nav profesora Kronīša kolēģe. Viņa ir profesora paciente. Viņai ir angīna. Ieva ir laba žurnāliste. Viņa strādā žurnālā "Logs". Rūdis Liepiņš ir Ievas draugs. Viņš ir talantīgs gleznotājs. Žurnālā "Logs" ir Rūda Liepiņa foto. Tur ir arī intervija ar aktrisi Ernu Lapu. Ernas hobijs ir kulinārija. Žurnālā ir viņas kulinārijas receptes. Ernai ir interesanta biogrāfija. Žurnālā ir arī viņas fotogrāfijas.

19. Uzrakstiet, kā viņus sauc!

Erna _____   _____

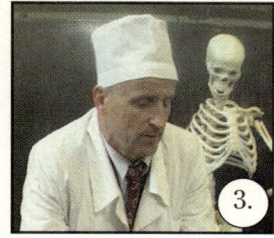

kāda?   **kādas?**

-a ⟨ -a   laba skolotāja   -as ⟨ -as   labas skolotājas
   -e   interesanta žurnāliste   -es   interesantas žurnālistes

kāds?   **kādi?**

-s ⟨ -s   gudrs ārsts   -i —— -i   gudri ārsti
   -is   labs šoferis   labi šoferi

20. Ierakstiet!

kāda?		kādas?	
_____	balerīna	_____	balerīnas
_____	juriste	_____	juristes
_____	ārste	_____	ārstes

kāds?		kādi?	
_____	pavārs	_____	pavāri
_____	gleznotājs	_____	gleznotāji
_____	šoferis	_____	šoferi

21. Papildiniet!

1. Restorānā ir _____ pavāri.
2. Birojā ir _____ juriste.
3. Poliklīnikā ir _____ ārsti.
4. Skolā ir _____ skolotājas.
5. Muzejā ir _____ gleznotāji.

Es būšu ...

Skolā ir zīmēšanas stunda. Krišjānis zīmē sportistu. Viņš grib būt čempions.

Voldemārs zīmē banku. Viņš grib būt bankas prezidents.

Oskars zīmē skolu. Viņš grib būt skolas sargs, jo skolas sargam ir mersedess.

Anna nezīmē, jo viņa nezina, kā uzzīmēt labu sievu. Viņa grib būt laba sieva. Vai tā ir profesija?

22. Papildiniet!

1. Es būšu prezidents.
2. Vai tu _____ jurists? Nē, es _____ pavārs.
3. Es zinu, ka viņi _____ žurnālisti.
4. Vai mēs _____ fotogrāfi?
5. Es _____ kasiere, bet Valdis _____ ķirurgs.
6. Igors _____ oficiants, bet Anna _____ balerīna.
7. Aivars un Valdis _____ hokejisti.

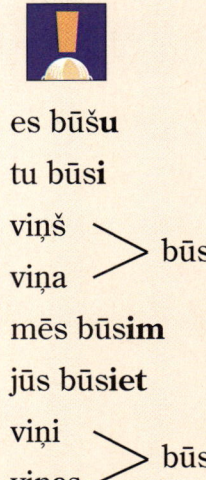

es būš**u**
tu būs**i**
viņš ⎫
viņa ⎬ būs
mēs būs**im**
jūs būs**iet**
viņi ⎫
viņas ⎬ būs

23. Pastāstiet, kas esat jūs un kur jūs strādājat!

24. Uzrakstiet par savu draugu, draudzeni!

Man ir draugs. Viņu sauc _____.
Viņš ir _____. Viņš strādā _____.
Man ir draudzene.   Viņu sauc _____.
Viņa ir _____. Viņa strādā _____.

25. Ierakstiet, ko saka šie cilvēki!

2. nodaļa
ILZE IR SLIMA

Ilze grib parunāt ar Rūdi, bet Rūdis iet prom.
Ilze skrien pa kāpnēm lejā un sasit galvu.
Andrejs steidzas viņai palīgā.

Kur ir slimnīca?

Andrejs nes Ilzi, bet viņš nezina, kur ir slimnīca. Parkā ir divi makšķernieki. Andrejs viņiem jautā, kur ir slimnīca. Bet arī viņi nezina, kur ir slimnīca.

Pie luksofora stāv kāds vīrietis un sieviete. Viņi ir vīrs un sieva.

– Kas viņai kaiš? – jautā sieviete.

– Ilzei sāp galva.
– Nestāvi! Nes viņu uz slimnīcu!
Andrejs jautā:
– Sakiet, kur ir slimnīca?
Vīrietis rāda.

tu	jūs
ej!	ejiet!
nes!	nesiet!
stāvi!	stāviet!
saki!	sakiet!

26. Pastāstiet, kā aiziet uz slimnīcu!

Ejiet pa _____,
pēc tam _____,
tad _____!
Tur ir _____.

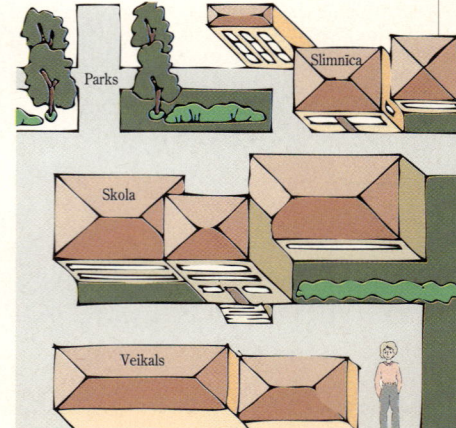

Slimnīcā

Slimnīca ir liela. Te ir daudz stāvu un nodaļu: terapijas nodaļa, funkcionālās diagnostikas nodaļa, kardioloģijas nodaļa, ķirurģijas nodaļa, uroloģijas nodaļa, uzņemšanas nodaļa, rentgena kabinets un operāciju zāle.

Andrejs meklē ķirurgu. Sanitārs un kāds pacients viņam palīdz.

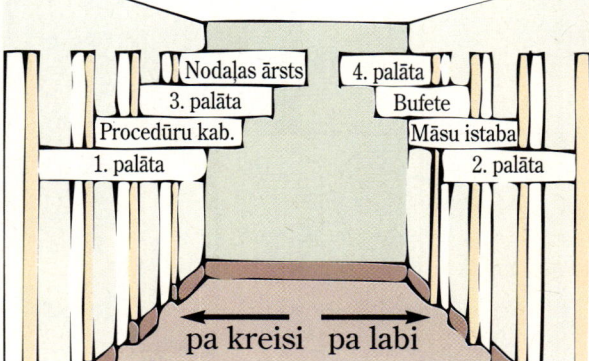

27. Papildiniet dialogu!

Andrejs: – Kur ir ķirurgs?
Sanitārs: – Viņš ir māsu istabā.
Andrejs: – Kur tā ir?
Sanitārs: – Tā ir _____.
Andrejs: – Tur viņa nav.
Sanitārs: – Varbūt viņš ir procedūru kabinetā?
Andrejs: – Kur tas ir?
Sanitārs: – Tas ir _____.
Varbūt ķirurgs ir bufetē? Bufete ir _____.
Pacients: – Es zinu, kur ir ķirurgs. Viņš ir ārsta kabinetā. Tas ir _____.

28. Atbildiet!

1. Kas ir pa kreisi? Pa kreisi ir pirmā palāta, _____

2. Kas ir pa labi? _____

1. pirmā
2. otrā
3. trešā
4. ceturtā
5. piektā   nodaļa
6. sestā   palāta
7. septītā   zāle
8. astotā
9. devītā
10. desmitā

Uzņemšanas nodaļā

Uzņemšanas nodaļā ir daudz pacientu un ārstam ir daudz darba.

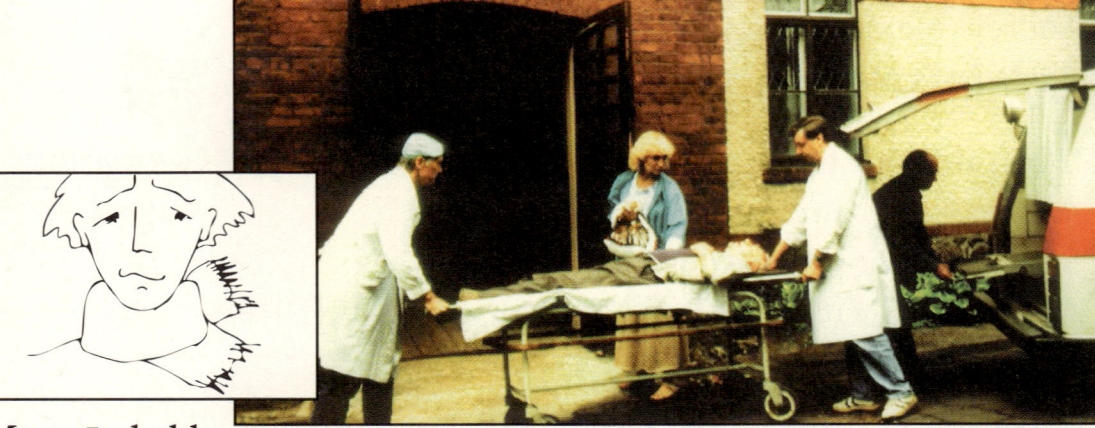

Man sāp kakls.

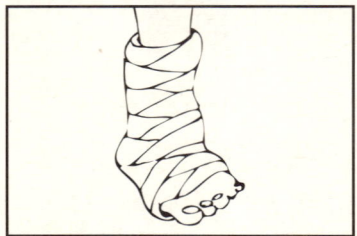

Man sāp kāja.

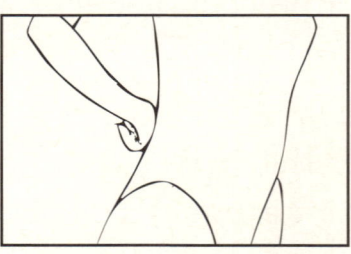

Man sāp mugura.

Man sāp galva.

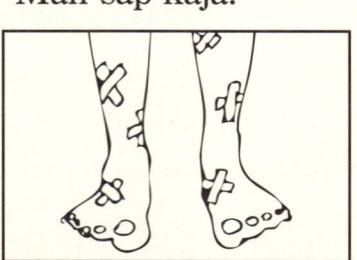

Man sāp abas kājas.

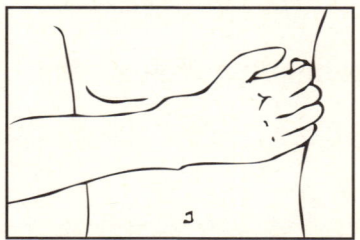

Man sāp sirds.

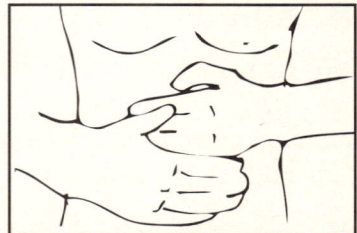

Man sāp vēders.

Ārsts raksta receptes un palīdz slimniekiem, bet slimnieki nāk un nāk un sanitāri nes un nes slimniekus.

Uzņemšanas nodaļā kāds vīrietis saka ārstam, ka viņam sāp kakls. Ārsts pacientam jautā, kāda ir temperatūra. Vīrietis saka, ka temperatūra viņam ir normāla.

Ārsts saka:

– Atveriet muti! Parādiet mēli! Sakiet "ā"!

Pacients atver muti, rāda mēli un saka "ā".

Kas jums sāp?
Man sāp ... .
Kur jums sāp?
Man sāp te!

Andrejs atnes Ilzi uz uzņemšanas nodaļu.

– Vai pulss viņai ir? – Andrejs jautā ārstam.

– Jā, ir! Viņai ir galvas trauma. Kur ir profesors Kronītis?

– Profesors ir eksāmenā, – saka medmāsa.

– Sakiet profesoram, lai iet uz operāciju zāli!

Kāda jums ir temperatūra?

– Kāda jums ir temperatūra?
– Man ir normāla temperatūra, trīsdesmit seši un seši grādi!

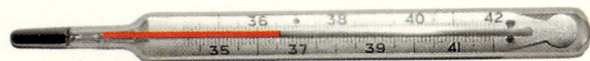

augsta temperatūra

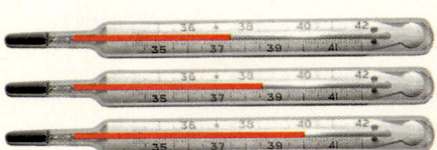
paaugstināta temperatūra
augsta temperatūra
ļoti augsta temperatūra

zema temperatūra

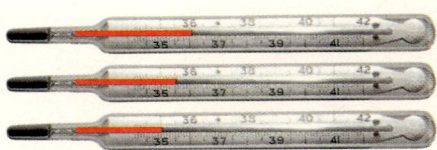
pazemināta temperatūra
zema temperatūra
ļoti zema temperatūra

29. Uzrakstiet, kāda jums ir temperatūra!

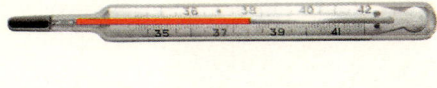
1. Man ir _____ temperatūra.

2. _____

3. _____

4. _____

30. Uzrakstiet, kas kaiš pacientam!

Viņam ir _____.

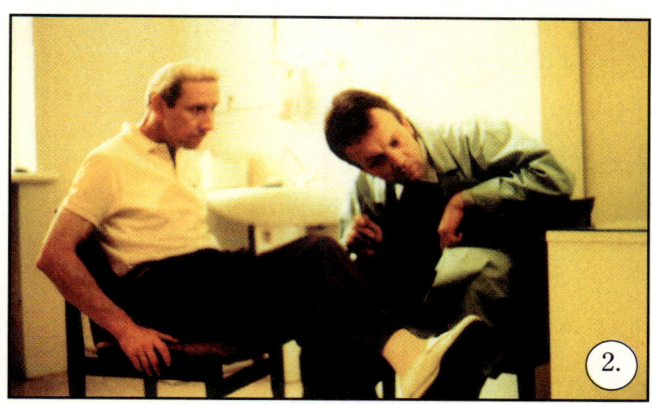

_____

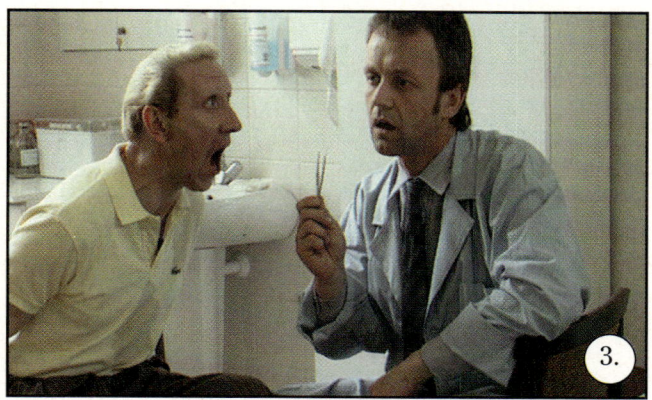

_____

Galva.
Man sāp galva!

Kakls.
Man sāp kakls!

Vēders.
Vai tev sāp vēders?

Mugura.
Man nesāp vēders, man sāp mugura.

Rokas.

Kājas.
Man sāp rokas un kājas.

Ķermenis. Cilvēka ķermenis.

Kas viņiem kaiš?

31. Izlasiet pareizi!

gripa   radikulīts   hipertonija   trauma
alerģija   temperatūra   angīna   osteohondroze
infarkts   insults   apendicīts   tuberkuloze

 slimnieks   slimniece
   pacients   paciente

kas?	kam?
Andrejs	Andrejam
Rūdis	Rūdim
Ingus	Ingum
Erna	Ernai
Ilze	Ilzei

32. Uzrakstiet, kas kaiš slimniekam!

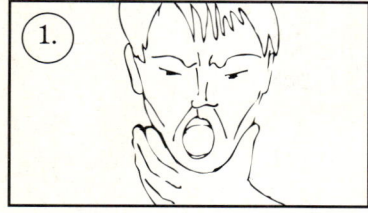 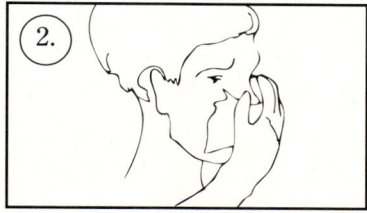

klepus   iesnas

 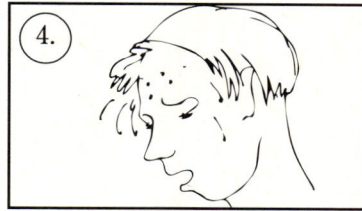 

slikta dūša   temperatūra   sāp galva

1. Slimniekam ir angīna. Viņam sāp kakls, ir klepus.
2. _____
3. _____
4. _____
5. _____

Ķermeņa daļas

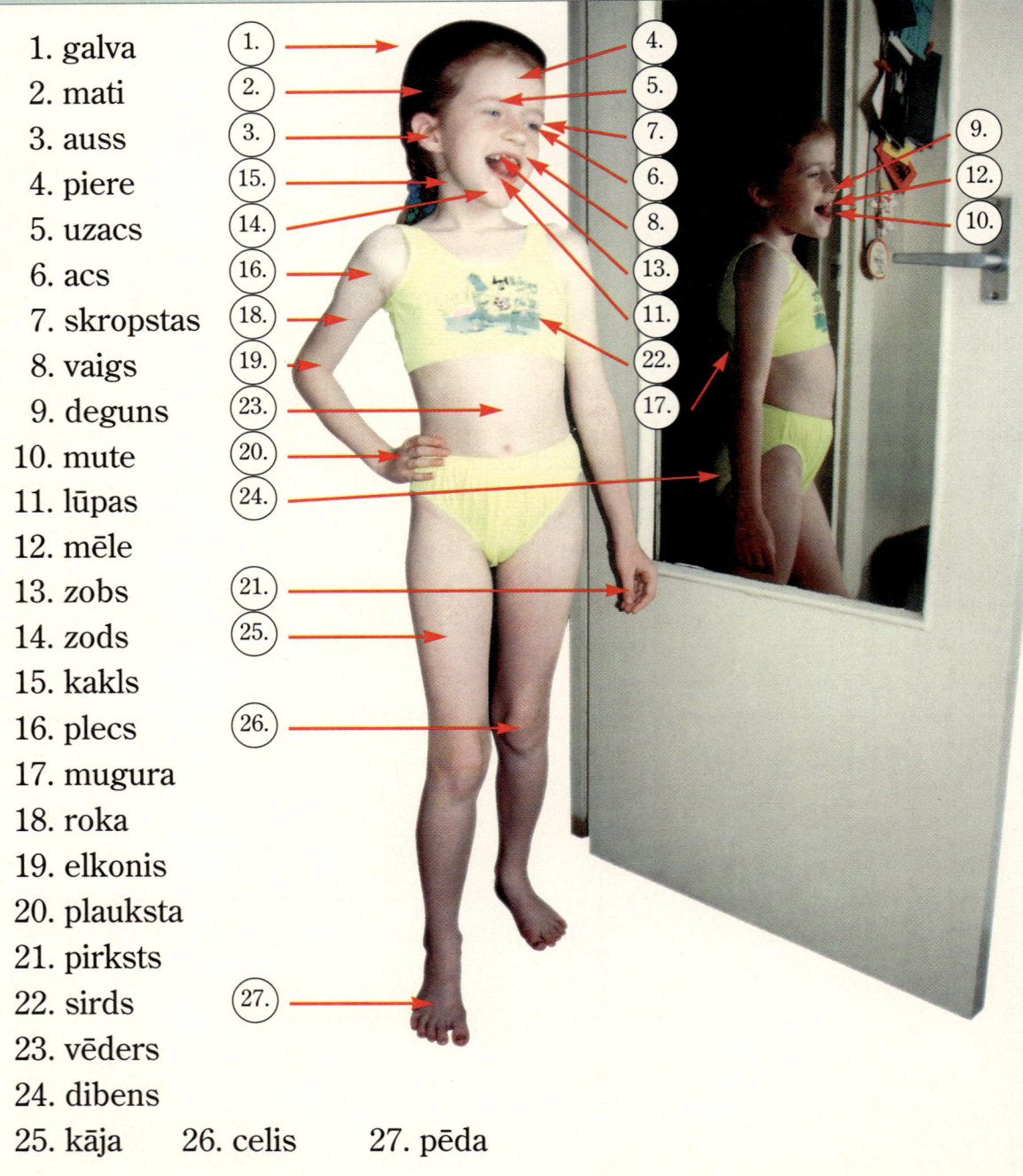

1. galva
2. mati
3. auss
4. piere
5. uzacs
6. acs
7. skropstas
8. vaigs
9. deguns
10. mute
11. lūpas
12. mēle
13. zobs
14. zods
15. kakls
16. plecs
17. mugura
18. roka
19. elkonis
20. plauksta
21. pirksts
22. sirds
23. vēders
24. dibens
25. kāja   26. celis   27. pēda

33. Ierakstiet!

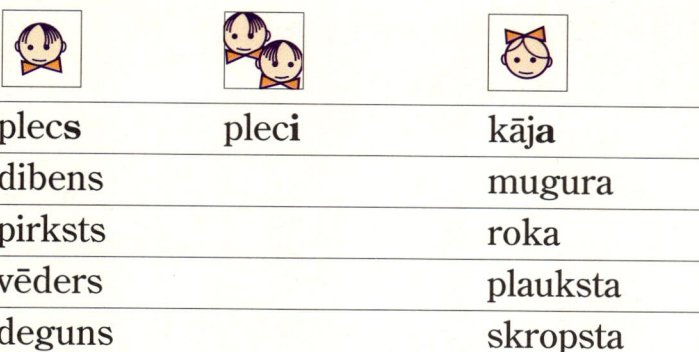

plec**s**	plec**i**	kāj**a**	kāj**as**
dibens		mugura	
pirksts		roka	
vēders		plauksta	
deguns		skropsta	
zobs		lūpa	
kakls		mut**e**	mut**es**
mats		mēle	
vaigs		piere	
elkon**is** n	elko**ņ****i** ņ		
cel**is** l	ļ		

sird**s** – sird**is**
aus**s** – aus**is**
ac**s** – ac**is**
uzac**s** – uzac**is**

34. Jautājiet! Atbildiet!

Kas jums sāp? Man sāp galva.
Vai jums sāp kakls? Nē. Man nesāp kakls.

kur?

1. pirm**ajā**
2. otr**ajā**
3. treš**ajā**
4. ceturt**ajā** — stāv**ā**
5. piekt**ajā** — nodaļ**ā**
6. sest**ajā** — palāt**ā**
7. septīt**ajā** — kabinet**ā**
8. astot**ajā**
9. devīt**ajā**
10. desmit**ajā**

35. Jautājiet! Atbildiet!

1. Kur ir dakteris Bērziņš?
Viņš ir pirmajā nodaļā.
2. _____ profesors Kronītis? _____
_____
3. _____ ārste Zariņa? _____
_____
4. Vai jūs esat daktere Zīle?
Nē, viņa ir ķirurģijas nodaļā.
5. Kurā palātā ir paciente Vilciņa?
Viņa ir otrajā palātā.
6. _____
_____

36. Pastāstiet, kur ir nodaļas, palātas, pacienti, ārsti!

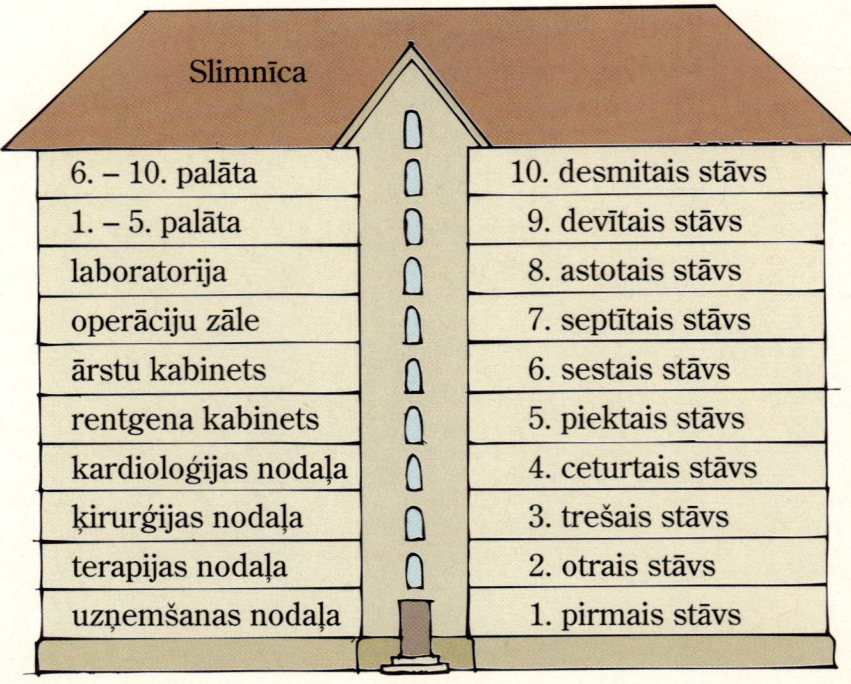

Slimnīca

6. – 10. palāta	10. desmitais stāvs
1. – 5. palāta	9. devītais stāvs
laboratorija	8. astotais stāvs
operāciju zāle	7. septītais stāvs
ārstu kabinets	6. sestais stāvs
rentgena kabinets	5. piektais stāvs
kardioloģijas nodaļa	4. ceturtais stāvs
ķirurģijas nodaļa	3. trešais stāvs
terapijas nodaļa	2. otrais stāvs
uzņemšanas nodaļa	1. pirmais stāvs

37. Papildiniet!

1. Es nepazīstu ārstu Kļaviņu. Kāds viņš ir?
2. _____ ārsti Lāci. Kāda viņa _____ ?

tievs　　　　　　　　　　　tieva　　resns　　　　　　　　　　　resna

jauns　　　　　　　　　　　jauna　　vecs　　　　　　　　　　　veca

mazs　　　　　　　　　　　maza　　liels　　　　　　　　　　　liela

3. Ārsts ir jauns, _____ .
4. Ārste ir jauna, _____ .

Resns vīrietis.  Tievs vīrietis.  Liels cilvēks.

Mazs bērns.  Gari mati.  Īsi mati.

Resna sieviete.  Tieva sieviete.

38. Papildiniet!

kas?	kam?
es	man
tu	tev
viņa	viņai
viņš	viņam
mēs	mums
jūs	jums
viņas	viņām
viņi	viņiem

1. Man ir īsi mati.
2. _____ slaidas kājas.
3. _____ apaļš vēders.
4. _____ līkas kājas.
5. _____ gari mati.
6. _____ lielas acis.
7. _____ garas kājas.

39. Turpiniet!

gari garas 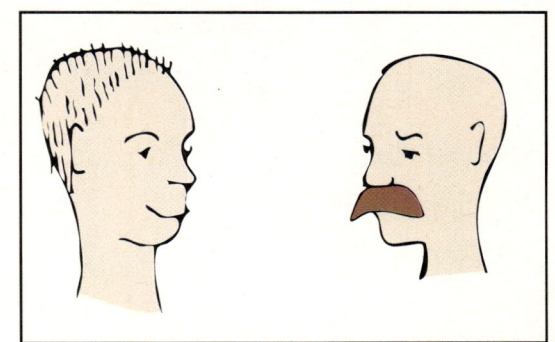 īsi īsas

līkas slaidas taisnas 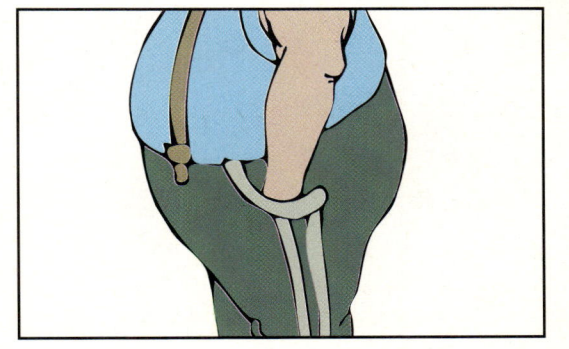 apaļš

Viņam ir garas ūsas, _____

_____

Viņai ir gari mati, _____

_____

40. Pastāstiet par slimniekiem!

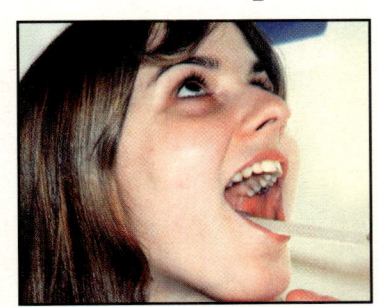

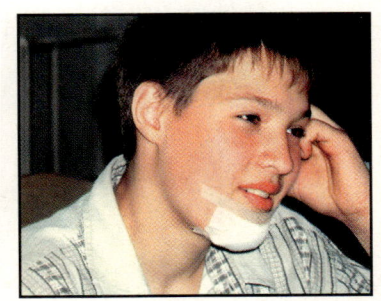

Hallo!

Ugunsdzēsēji	01	Tehniskā bibliotēka	7551210
Policija	02	Stadions	7271675
Ātrā medicīniskā palīdzība	03	Tūrisma aģentūra	7282361
Gāzes avārijas dienests	04	Konstruktoru birojs	7532711
Liftu avārijas dienests	004	Taksometru parka dispečers	7334041
Santehniķi	20000	Autoserviss	7268669
Telegrāfs	06	Juridiskā konsultācija	7331872
Elektrotīklu dežurants	450390	Centrālais tenisa klubs	7612604
Aptieka	7285927	Jahtklubs	7433250
Kinoteātris	7284725	Filharmonija	7216654

41. Atbildiet!

Uz kādu numuru zvanīsit, ja
1) gribat braukt tūrisma ceļojumā
2) jums sāp vēders
3) dzīvoklī nav gāzes
4) nedarbojas lifts
5) gribat aiziet uz labu filmu
6) mājā nav elektrības
7) mašīnai vajadzīgs remonts

Telefons numur 1234567890.

– Abonents numur 0987654321 klausās!

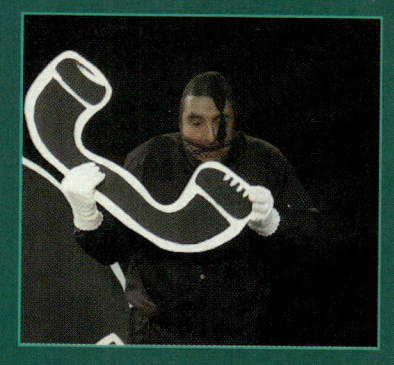

– Kā, lūdzu?
– Runājiet, lūdzu, es klausos!

– Labdien! Vai profesors Kronītis?
– Jā, es klausos.
– Te runā paciente Vilma Saule. Kādas ir analīzes?
– Rezultāti ir labi.
– Paldies. Uz redzēšanos!

– Jā, es klausos.

– Labdien! Te Andrejs. Pasauciet, lūdzu, Ilzi!
– Ilze ir skolā. Ko viņai pateikt?
– Pasakiet, ka es zvanīju.
– Jā, labi.
– Paldies. Visu labu!

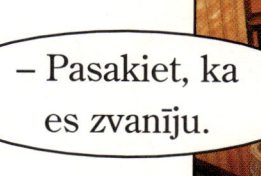

– Pasakiet, ka es zvanīju.

Lūdzu, palīdziet!

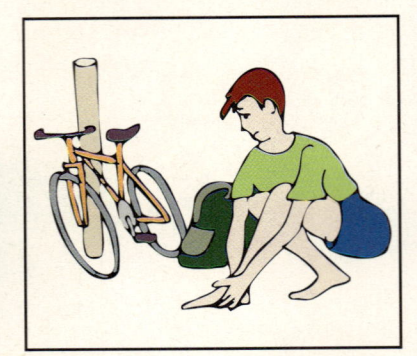

– Ātrā palīdzība!
– **Brauciet** uz Krasta ielu! Tur ir avārija.
– Kas **cietis**?
– Cietis zēns un šoferis.
– Gaidiet ārstu! Vai policiju izsaucāt?
– Nē!
– **Izsauciet** policiju!

cie**tis** zē**ns**

– Hallo! Vai policija?

– Ugunsdzēsēji klausās!
– **Brauciet** uz Dārza ielu! Deg 8. māja!
– **Gaidiet** ugunsdzēsējus! Vai **cietušie** ir?
– Jā! **Cietusi** sētniece.
– **Izsauciet** ātro palīdzību!

ciet**usi** sētnie**ce**

– Hallo!

	ko?	kas?	ko?
(tu)	Izsauc, gaidi ārs**tu**!	Andrej**s**	Andrej**u**
(jūs)	Izsauciet, gaidiet ārs**tu**!	Rū**dis**	Rū**di**
		Ing**us**	Ing**u**
		Erna	Ern**u**
		Ilze	Ilzi

42

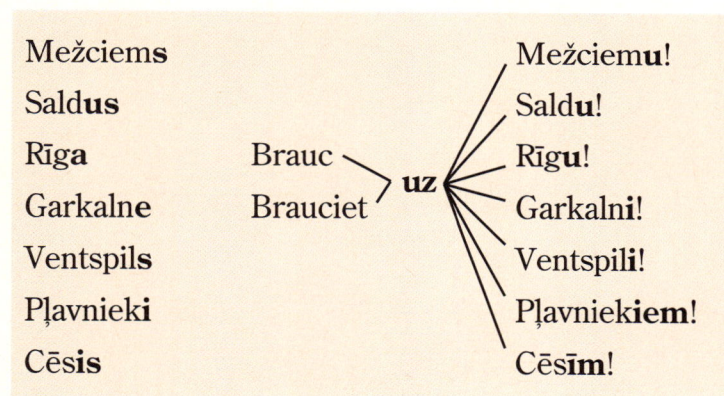

Skaties!	Brauc!	Lasi!
Palīdzi!	Apturi auto!	Atdod naudu! Ņem!

Mežciem**s** → Mežciem**u**!
Sald**us** → Sald**u**!
Rīg**a** — Brauc → **uz** → Rīg**u**!
Garkaln**e** — Brauciet → Garkaln**i**!
Ventspil**s** → Ventspil**i**!
Pļavniek**i** → Pļavniek**iem**!
Cēs**is** → Cēs**īm**!

42. Turpiniet teikumus!

1. Andrej, brauc uz _____!
Ilze un Andrej, brauciet _____!
2. Rūdi, gaidi _____!
Pacienti, _____!
3. Fredi, atdod _____!
Klienti, _____!
4. Erna, izsauc _____!
Pasažieri, _____!

43

43. Papildiniet dialogus!

1. – Labrīt! Es esmu Jānis Nagla.
   – _____

   – Man sāp kakls.
   – _____

   – Temperatūra ir paaugstināta. Kas man ir?
   – _____

2. – Kas jums sāp?
   – _____

   – Kāda ir temperatūra?
   – _____

   – Jums ir _____ .

3. – Ātrā palīdzība!
   – _____

   – Kas cietis?
   – _____

   – Gaidiet _____
   _____

   – Nē!
   – Izsauciet _____

4. – Labdien! _____
   – Jā, es klausos.
   – Te _____ .
   _____
   _____

3. nodaļa KO VAR, BET NEDRĪKST UN KO NEVAR, BET DRĪKST

Ir agrs rīts.
Rūdis ir pie
Ilzes mājas.
Viņš nervozē.
Uz ielas stāv
Andreja žigulis.
Tas Rūdim nepatīk.
Rūdis ir dusmīgs
un nelaimīgs.
Viņš iet uz kiosku
un pērk cigaretes.

Dodiet man, lūdzu, ...

Rūdis kioskā pērk cigaretes.
– Vai jums cigaretes ar filtru vai bez filtra? – jautā pārdevēja.
– Ar filtru. Lūdzu, arī sērkociņus!
– Ko vēl?
– Avīzi "Rīgas Balss" un žurnālu "Klubs".
– Lūdzu! Vai negribat cepumus? Arī šokolāde ir laba.
– Nē, paldies! Man, lūdzu, limonādi!

44. Pastāstiet!
Ko jūs pērkat kioskā?
Es ...

	ko?
es	pērk**u**
tu	pēr**c**
viņš	pērk
viņa	pērk
mēs	pērk**am**	avīzi
jūs	pērk**at**
viņi	pērk
viņas	pērk

45. Pasakiet, ko jūs vēlaties!

Es vēlos ... (ko?)

roku, kāju, sejas krēms  avīze "Diena"

ziepes  konfektes  cepumi

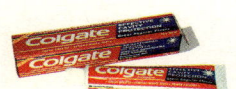

zobu pasta  cigaretes  sērkociņi

grāmata  saldējums  šampūns

minerālūdens  odekolons  žurnāls

kas?

žurnāl**s**	žurnāl**i**
zīmul**is**	zīmu**ļi**
grāmat**a**	grāmat**as**
avīz**e**	avīz**es**

ko?

žurnāl**u**	žurnāl**us**
zīmul**i**	zīmu**ļus**
grāmat**u**	grāmat**as**
avīz**i**	avīz**es**

46. Turpiniet!

Man, lūdzu, saldējumu!

_____ avīzi, _____

_____

_____

Gaujas nacionālajā parkā

Rūdis brauc uz Gaujas nacionālo parku. Tur **drīkst**

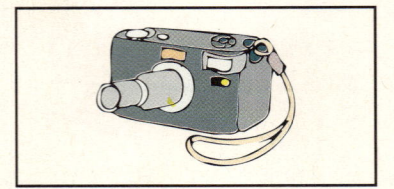

fotografēt, vērot dzīvniekus, atpūsties,

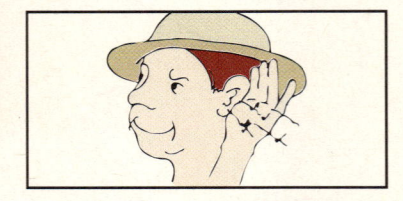

klausīties putnus, pastaigāties, jāt ar zirgu.

Rūdis un zēns ir Gaujas nacionālajā parkā. Viņi nezina, ka te **nedrīkst**

dedzināt ugunskuru, iebraukt ar personīgo transportu, peldēties, plūkt puķes, lauzt krūmus un kokus, atstāt atkritumus.

Gaujas nacionālā parka inspektore Vilciņa dod kvīti. Rūdim jāmaksā soda nauda. Soda nauda ir 100 latu.
– Kāpēc man jāmaksā sods? – jautā Rūdis.
– Vai jūs nezināt, ka Gaujas nacionālajā parkā **aizliegts** iebraukt ar personīgo transportu?

– Vai drīkst ienākt?

– Jā, protams!

– Vai te drīkst smēķēt?

– Nē, nekādā ziņā! Smēķēt aizliegts.

AIZLIEGTS
Aizliegts iebraukt. Aizliegts smēķēt. Aizliegts peldēties.

es	zin**u**
tu	zin**i**
viņš	
viņa	zin**a**
mēs	zin**ām**
jūs	zin**āt**
viņi	
viņas	zin**a**

47. Papildiniet!

1. Es zinu, ka Gaujas nacionālajā parkā nedrīkst peldēties.
2. Vai tu _____, ka tur nedrīkst plūkt puķes?
3. Tūristi _____, ka parkā nedrīkst atstāt atkritumus.
4. Vai tu _____, kur drīkst jāt ar zirgu? Jā, es to _____.
5. Vai jūs _____, kāpēc parkā nedrīkst dedzināt ugunskuru?
6. Mēs _____, ka parkā var labi atpūsties.

Dzīvniekus barot aizliegts!

var, bet nedrīkst

drīkst, bet nevar

48. Pastāstiet!

1. Ko jūs varat un drīkstat darīt mājās?
Es varu un drīkstu ...
2. Ko jūs varat, bet nedrīkstat darīt mājās?
Es varu, bet nedrīkstu ...
3. Ko jūs drīkstat, bet nevarat darīt mājās?
Es drīkstu, bet nevaru ...

elpot	ēst	dzert
gulēt	dejot	sēdēt
lasīt	rakstīt	runāt
dziedāt	iet	skriet

Restorānā

– Vai šeit brīvs?

Rūdis ir restorānā. Viņš ir nervozs, viņš grib smēķēt un ēst. Restorānā smēķēt aizliegts. Oficiants iedod Rūdim ēdienkarti. Rūdis lasa.

– Jā, lūdzu, sēdieties!

Ēdienkarte

Salāti — Ls
Šampinjoni ar olu — 0,80
Tomātu un siera salāti — 0,47
Šampinjoni ar sieru — 1,15
Krabju salāti — 0,47
Omlete ar sieru — 1,15
Pikantie salāti — 0,90
Skumbrija majonēzē — 0,45

Zupas
Tomātu zupa ar rīsiem — 0,35
Vistas buljons ar pīrādziņu — 0,75
Zivju frikadeļu zupa — 0,70
Ukraiņu boršču — 0,83

Gaļas ēdieni
Bifšteks — 1,94
Vīnes šnicele — 2,68
Antrekots — 2,34
Romšteks — 2,29
Šnicele ar sieru — 2,05
Rīgas kotletes — 2,17

Deserts
Apelsīni ar liķieri — 2,80
Rabarberu ķīselis — 0,69
Vaniļas krēms — 1,04
Šokolādes pudiņš — 1,16

Dzērieni
Minerālūdens — 0,16
Kafija — 0,15
Apelsīnu sula — 0,35
Kafija ar pienu — 0,20
Tēja ar cukuru — 0,20
Kafija ar krējumu — 0,45
Tēja bez cukura — 0,15
Kafija ar balzamu — 1,70
Tēja ar citronu — 0,35
Šokolāde — 0,90

49. Pastāstiet!

Rūdis grib tomātu zupu ar rīsiem un omleti ar sieru.
Ko jūs gribat? Es gribu...

		kas?	ko?
es	grib**u**		
tu	grib**i**	bifšteks	bifštek**u**
viņš		ķīsel**is**	ķīsel**i**
viņa	} grib	med**us**	med**u**
mēs	grib**am**	kafija	kafij**u**
jūs	grib**at**	salāt**i**	salāt**us**
viņi		ol**as**	ol**as**
viņas	} grib	forel**es**	forel**es**

50. Jautājiet! Atbildiet!

1. – Cik maksā šampinjoni ar sieru?   – Šampinjoni ar sieru maksā vienu latu un piecpadsmit santīmu (Ls 1,15). Latu piecpadsmit.

2. – Sakiet, lūdzu, cik maksā Vīnes šnicele?   – Divus latus sešdesmit astoņus santīmus. Divi sešdesmit astoņi.

3. – Cik maksā kafija ar krējumu? ...
4. – ...

51. Cik tas ir? Rēķiniet!

1. 20 + 11 =
2. 14 + 14 =
3. 50 + 40 =
4. 68 + 12 =
5. 19 + 5 =
6. 80 – 20 =
7. 100 – 50 =
8. 21 – 1 =
9. 48 – 45 =
10. 35 – 15 =

+ plus
– mīnus
= ir

Es gribu ēst.
Es gribu dzert.
Mēs gribam ēst un dzert.

"Vai jums ir kafija?"

Mums ir kafija.
Vai jums ir kafija ar pienu?
Protams, mums ir kafija ar pienu.

"Vai jums ir kafija ar cukuru?"

Mums ir kafija ar cukuru
un bez cukura.

Mums ir kafija ar konjaku
un bez konjaka.

"Mums ir viss."

"Vai tev ir?" "Man ir."

Kas?
Viss. Lūdzu!

Man nav.
Viņam nav.

52. Papildiniet dialogus!

1. A: – Lūdzu, kafiju! B: – Ar cukuru?
   – ... – Ko vēl?
   – Vai jums ir salāti? – ...
   – Siera salātus. – Vai tas ir viss?
   – Nē! Lūdzu, ... – Mums nav ..., bet ...
   – ... – Un vēl?
   – Paldies! Lūdzu, rēķinu! – ...

kas?	nav/bez
sier**s**	sier**a**
ķīsel**is**	ķīseļ**a**
al**us**	al**us**
tēj**a**	tēj**as**
omlet**e**	omlet**es**

2. A: – Ko jūs vēlaties? B: – Man, lūdzu, ...
   – Ko vēl? – Vai jums ir ...?
   – ... – ...

kas?	nav	bez
salāt**i**	salāt**u**	salāt**iem**
forel**es**	foreļ**u**	forel**ēm**

53. Papildiniet teikumus!

1. Es dzeru tēju ar citronu.
2. Vai tu _____ minerālūdeni?
3. Mēs _____ kafiju ar krējumu.
4. Viņi _____ limonādi.
5. Vai jūs _____ pienu?
Nē, es _____ kefīru.

54. Pastāstiet, ko ēd un dzer Rūdis, cik tas maksā!

Boršči	1,40
Karbonāde	2,15
Banānu krēms	0,95
Kafija ar balzamu	1,20
	Ls 5,70

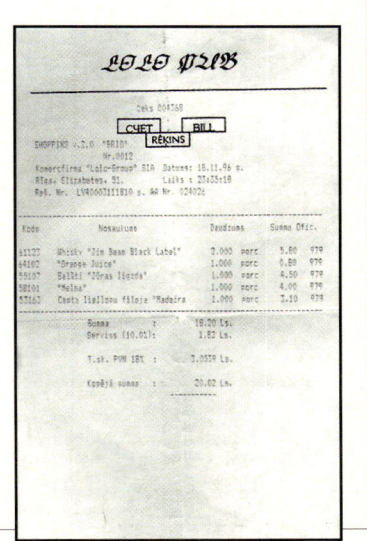

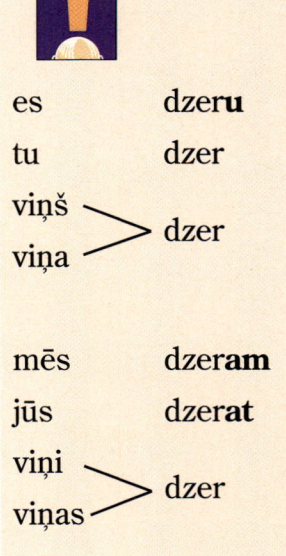

es	dzer**u**
tu	dzer
viņš	dzer
viņa	
mēs	dzer**am**
jūs	dzer**at**
viņi	dzer
viņas	

55

brokastis
es brokastoju,
es ēdu brokastis
pusastoņos

pusdienas
es pusdienoju,
es ēdu pusdienas
divpadsmitos piec-
padsmit (minūtēs)

launags
es ēdu launagu
piecpadsmitos
četrdesmit piecās
(minūtēs)

vakariņas
es vakariņoju,
es ēdu vakariņas
astoņpadsmitos
(sešos vakarā)

es	brokasto**ju**	pusdieno**ju**	vakariņo**ju**
tu			
viņš \	brokasto	pusdieno	vakariņo
viņa /			
mēs	brokasto**jam**	pusdieno**jam**	vakariņo**jam**
jūs	brokasto**jat**	pusdieno**jat**	vakariņo**jat**
viņi \	brokasto	pusdieno	vakariņo
viņas /			

55. Jautājiet un atbildiet!

1. Cik**os** Andrejs brokasto?
   Andrejs brokasto astoņ**os**.
2. _____ Ilze pusdieno?
   _____
3. _____ Rūdis ēd launagu?
   _____
4. _____ Juris Kronītis ēd vakariņas?
   _____

Kas garšo Rūdim

Rūdis brokasto mājās. Brokastis viņš ēd pusdesmitos vai desmitos. Brokastīs viņš dzer kafiju un ēd omleti. Rūdis vāra garšīgu kafiju. Viņš dzer kafiju bez cukura. Viņam negaršo kafija ar pienu un cukuru.

Pusdienas Rūdis ēd kafejnīcā vai restorānā pulksten četrpadsmitos. Viņam patīk pusdienot kafejnīcā "Palete". Tur strādā simpātiska oficiante Dace un šefpavārs Mārtiņš. Mārtiņš vāra garšīgu ukraiņu borščču. Rūdim garšo boršcs un karbonāde. Desertā Dace viņam pasniedz banānu krēmu un kafiju ar balzamu. Rūdim garšo banāni, apelsīni, mandarīni. Viņš vakariņo pusastoņos. Vakariņās viņš dzer tēju vai ēd banānus, apelsīnus un mandarīnus.

56. Atzīmējiet ar + pareizo atbildi!

	jā	nē	tekstā nav
Rūdis neēd restorānā.			
Kafejnīcas "Palete" šefpavāru sauc Mārtiņš.			
Rūdis pusdieno pulksten 13.00.			
Rūdis ēd divas porcijas boršča.			
Rūdis dzer kafiju ar cukuru.			
Rūdis neēd krabju salātus.			
Rūdim garšo banāni.			
Dace strādā restorānā "Līgo".			
Rūdis ēd vakariņas 19.30.			

Rūdim **garšo** borščs.   Rūdim **patīk** gleznot.   Rūdis **mīl** Ilzi.

57. Uzrakstiet, kas jums garšo un kas negaršo!

Man garšo konfektes, _____

_____

Man negaršo piens, _____

_____

es	ēd**u**
tu	ēd
viņš, viņa	ēd
mēs	ēd**am**
jūs	ēd**at**
viņi, viņas	ēd

58. Pastāstiet!

1. Ko jūs ēdat un dzerat brokastīs, pusdienās, launagā un vakariņās?
Brokastīs es ...

2. Cikos jūs brokastojat, pusdienojat, vakariņojat?
...

3. Kur jūs ēdat brokastis, pusdienas, vakariņas? (mājās, darbā, kafejnīcā)
...

Ielu muzikants

Iepazīstieties! Šis zēns ir muzikants un šodien pie restorāna spēlē vijoli. Viņš saka, ka viņa tēvs dzer, bet māte ir slima. Cilvēki dod viņam naudu. Šodien viņam ir daudz naudas.

Man ir nauda.
Man nav naudas.
Dod naudu!
Maksāt skaidrā naudā.

59. Saskaitiet, cik naudas ir zēnam!

es	dodu
tu	
viņš	⟩ dod
viņa	
mēs	dodam
jūs	dodat
viņi	⟩ dod
viņas	

maz naudas   **daudz** naudas

60. Pastāstiet!
Vai jūs dodat naudu ielu muzikantiem? Kāpēc?

Fredis ir oficiants. Viņš strādā vasaras restorānā, bet šodien viņš pārdod augļus un ogas.

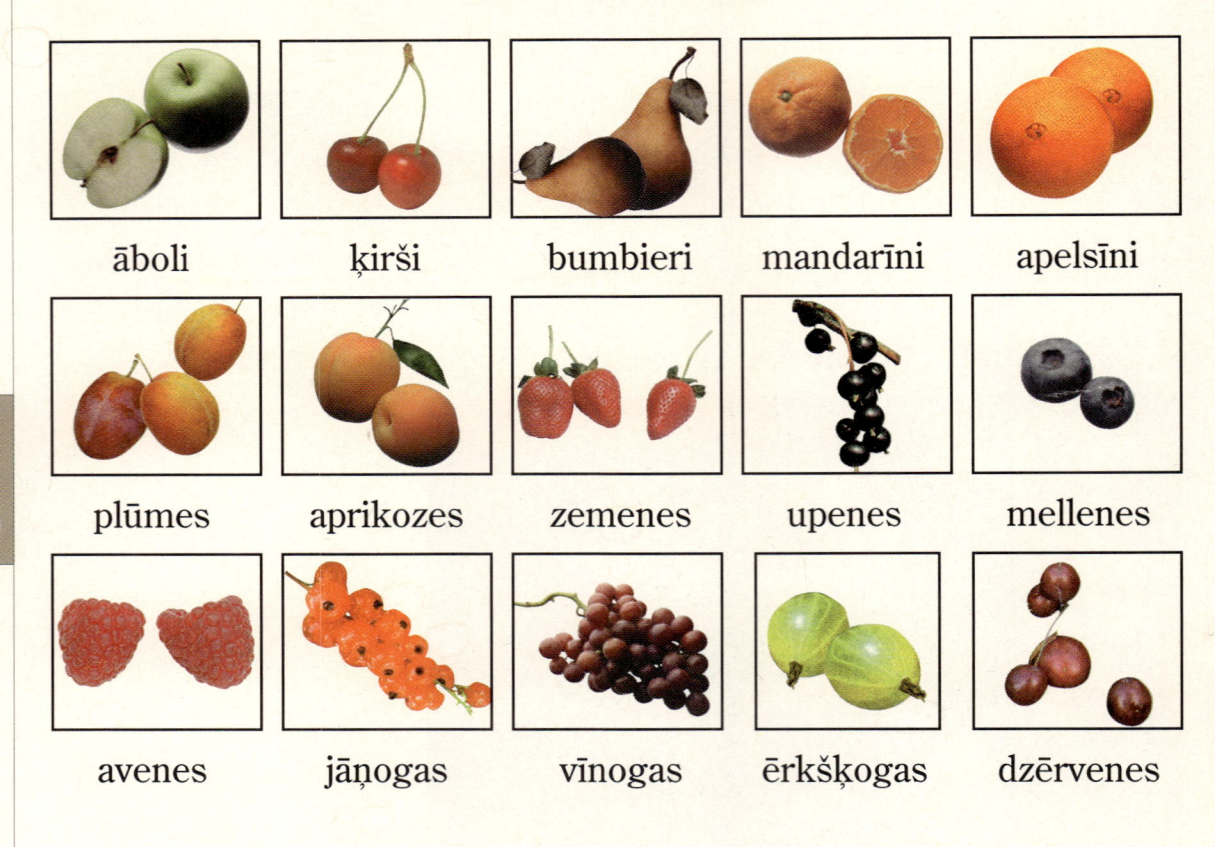

āboli	ķirši	bumbieri	mandarīni	apelsīni
plūmes	aprikozes	zemenes	upenes	mellenes
avenes	jāņogas	vīnogas	ērkšķogas	dzērvenes

kas?	ko?
āboli	ābolus
augļi	augļus
ogas	ogas
avenes	avenes

61. Uzrakstiet, ko pārdod Fredis!
Fredis pārdod ābolus, _____

62. Pastāstiet, kādi augļi un ogas jums garšo! Ko jūs pērkat?
Man garšo āboli, ...
Es pērku ābolus, ...

– Ko jums, lūdzu?
– Kilogramu ābolu.
– Cik maksā?
– Piecdesmit santīmu kilogramā.
– Dārgi.
– Tas nav **dārgi**.
Tur ir **dārgāk**.
– Bet citur ir **lētāk**.
– Mani āboli ir sarkani, garšīgi, sulīgi un saldi.
– Dodiet, lūdzu, divus kilogramus!
– Maisiņu arī?
– Jā.
– Ko vēl?
– Divus bumbierus, ...

Ls 0,50	Ls 0,15	☞ Tur ir	Ls 0,80	Ls 0,10
dārgi	lēti		dārgāk	lētāk

Cik maksā …?

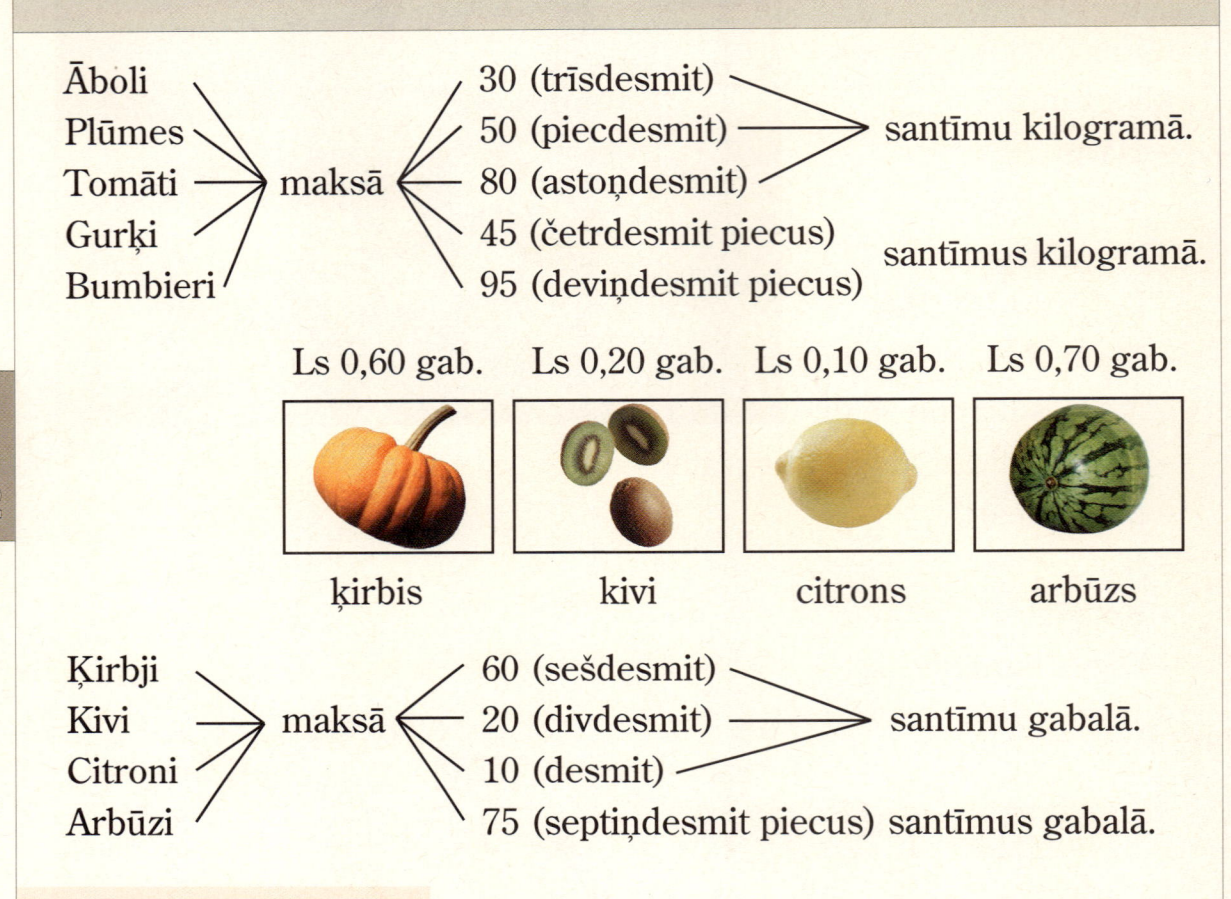

Āboli
Plūmes
Tomāti → maksā ← 30 (trīsdesmit)
Gurķi 50 (piecdesmit) → santīmu kilogramā.
Bumbieri 80 (astoņdesmit)
45 (četrdesmit piecus)
95 (deviņdesmit piecus) → santīmus kilogramā.

Ls 0,60 gab. Ls 0,20 gab. Ls 0,10 gab. Ls 0,70 gab.

ķirbis kivi citrons arbūzs

Ķirbji
Kivi → maksā ← 60 (sešdesmit)
Citroni 20 (divdesmit) → santīmu gabalā.
Arbūzi 10 (desmit)
75 (septiņdesmit piecus) santīmus gabalā.

Dodiet, lūdzu … **(cik?)**

100 g	simt gramus
200 g	divsimt gramus
0,5 kg	puskilogramu
1 kg	(vienu) kilogramu
1,5 kg	pusotru kilogramu
2 kg	divus kilogramus
2,5 kg	divarpus kilogramus
10 kg	desmit kilogramus

63. Papildiniet un turpiniet dialogu!

A: – Ko varu piedāvāt? B: – …
– Cik daudz jūs gribat? – … Cik maksā?
– … Ko vēl jūs vēlaties? – …

64. Turpiniet!

a) Lūdzu, vienu kilogramu ābolu, …

vienu	kilogramu	
divus		
trīs		vīnog**u**
četrus		zeme**ņu**
piecus	kilogramus	ābol**u**
sešus		ķirš**u**
septiņus		
astoņus		
deviņus		
desmit		

b) Lūdzu, vienu arbūzu!

vienu	ābol**u**
divus	
trīs	
četrus	
piecus	ābol**us**
sešus	ķir**bj**us
septiņus	kivi
astoņus	
deviņus	
desmit	

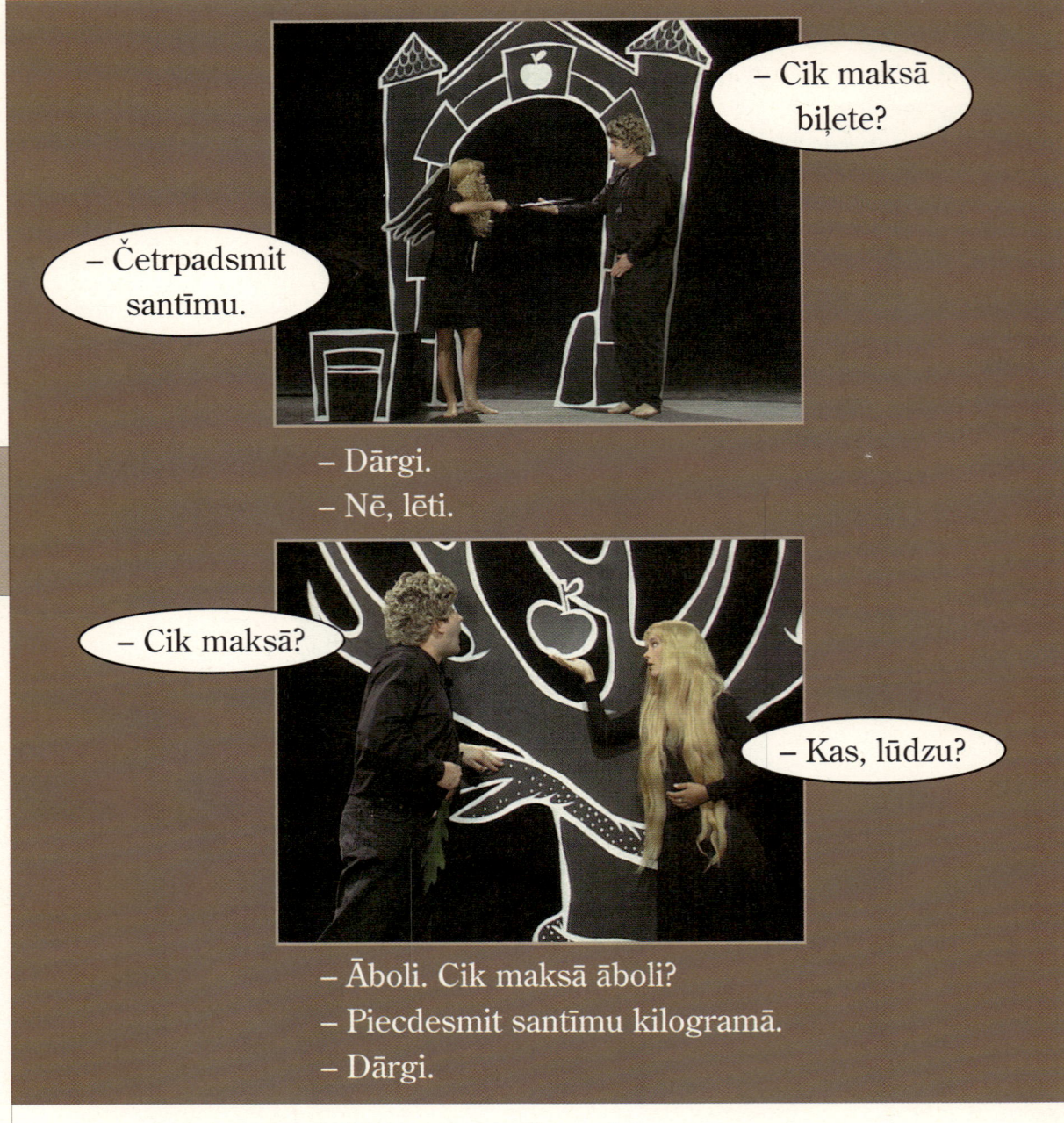

– Cik maksā biļete?
– Četrpadsmit santīmu.
– Dārgi.
– Nē, lēti.

– Cik maksā?
– Kas, lūdzu?
– Āboli. Cik maksā āboli?
– Piecdesmit santīmu kilogramā.
– Dārgi.

zaļas = negatavas

– Vai tās ir mellenes?
– Jā.
– Kāpēc tās ir zilas?
– Tāpēc, ka zaļas.

mīksts — salds — sulīgs

ciets — gatavs — negatavs

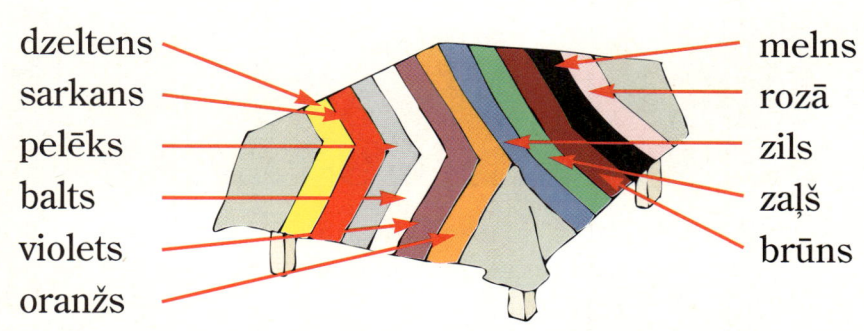

dzeltens
sarkans
pelēks
balts
violets
oranžs

melns
rozā
zils
zaļš
brūns

Sarkans ābols.   Zaļš bumbieris.   Dzeltens alus.
Sarkana jāņoga. Zaļa plūme.   Dzeltena aprikoze.

sarkani āboli
zaļi bumbieri

sarkanas jāņogas
zaļas plūmes

65. Pastāstiet!

1. Kādi āboli jums garšo?
Man ...
2. Kādi āboli jums negaršo?
...

Veikalā

Ilze un Andrejs brauc **uz** — tirg**u**.
— veikal**u**.

Universālveikalā var nopirkt visu. Tur ir

zivis  gaļa  desa  konservi
konservu kārba

kartupeļi tomāti gurķi sīpoli loki burkāni bietes salāti paprika redīsi
dārzeņi

piens
paka piena

kefīrs

jogurts

biezpiens

siers
gabaliņš siera

krējums

sviests
paciņa sviesta

olas

šokolāde konfektes cepumi
torte kēkss kliņģeris
saldumi

graudu maize
rupjmaize

baltmaize
saldskābmaize

augļi

dzērieni

maize
piens
sviests
siers
minerālūdens
makaroni
gaļa
desa

66. Ilze un Andrejs ir veikalā. Ilze lasa produktu sarakstu. Turpiniet!

Ilze pērk maizi, ...

67. Jautājiet un atbildiet!

1. Kur es varu nopirkt apelsīnu sulu? Dzērienu nodaļā.
2. ... zivis?
3. Kur es varu ...
4. ...

Dzērienu nodaļa

Saldumu nodaļa

Piena produktu nodaļa

Dārzeņu un augļu nodaļa

Maizes nodaļa

Gaļas nodaļa

Zivju nodaļa

4. nodaļa
MĀJA UN ĢIMENE

Andrejs un Ilze ir Ernas dzīvoklī. Tas ir trešajā stāvā. Ilze rāda vecāsmātes dzīvokli. Tas ir liels un ērts. Andrejam dzīvoklis patīk.

Dzīvoklī

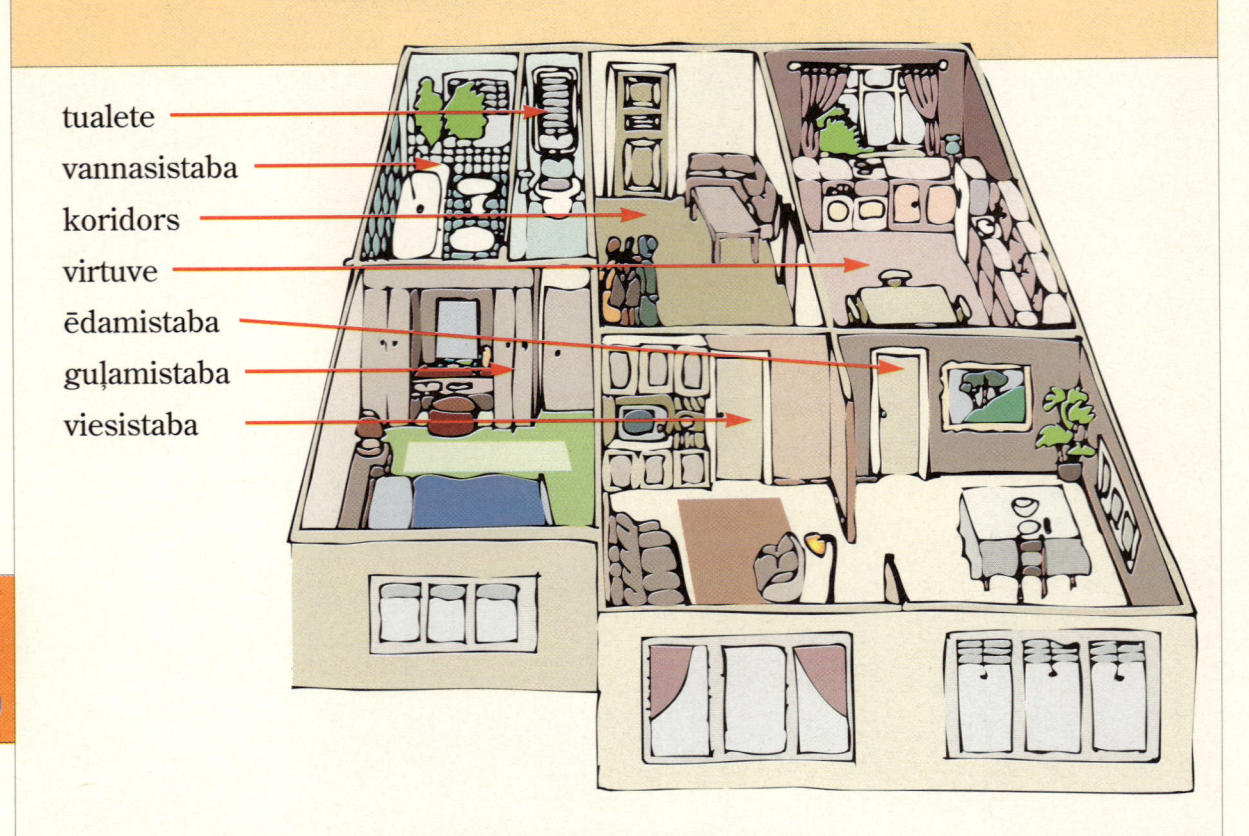

- tualete
- vannasistaba
- koridors
- virtuve
- ēdamistaba
- guļamistaba
- viesistaba

Aktrisei Ernai Lapai ir labiekārtots trīsistabu dzīvoklis ar visām ērtībām. Viņas dzīvoklī ir viesistaba, ēdamistaba, guļamistaba, virtuve, vannasistaba, tualete un liels koridors.

Ernai ir daudz grāmatu, tāpēc viesistabā ir grāmatu plaukti. Tur ir arī televizors, dīvāns, atpūtas krēsls, žurnālu galdiņš, stāvlampa un skaista lustra. Ernai ļoti patīk gleznas. Viņas dzīvoklī ir daudz gleznu. Guļamistabā un viesistabā uz grīdas ir paklāji. Ēdamistabā, vannasistabā un tualetē pie logiem ir žalūzijas, bet guļamistabā un viesistabā pie logiem ir aizkari.

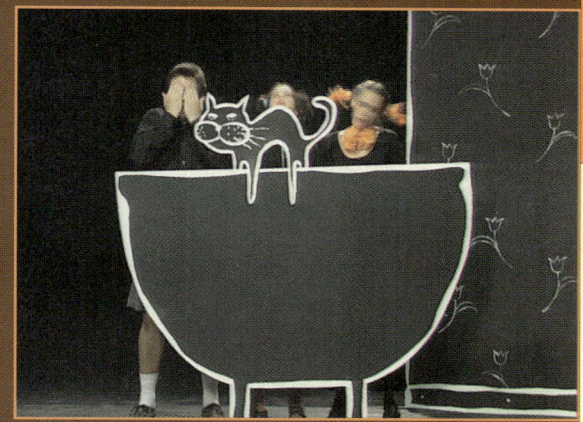

māja   logs   dzīvoklis   gulta
              durvis   istaba   dīvāns
              dzīvoklis   mēbeles   galds
                             skapis   lampa

virtuve   vannasistaba
lampa   tualete
galds   lampa
krēsls   pods
                      izlietne
                      vanna

vienistab**as**
divistab**u**
trīsistab**u** → dzīvoklis
četristab**u**
piecistab**u**

68. Pastāstiet par savu dzīvokli vai istabu!

Meklēju istabu

69. Andrejs meklē istabu Rīgā. Viņš lasa sludinājumus avīzē. Lasiet un meklējiet arī jūs!

Izīrē

Vienistabas dzīvokli Laimdotas ielā. Tālr. 539681

Izremontētu divistabu dzīvokli Brīvības ielā. Tālr. 7552982

Četristabu dzīvokli ar malkas apkuri Elizabetes ielā. Tālr. 7283135

4 istabu dzīvokli Āgenskalnā. Tālr. 298718

Istabu Mežaparkā, Hamburgas ielā. Tālr. 7557926.

1 istabas dzīvokli Ķengaragā, Krasta ielā (visas ērtības). Tālr. 261005.

Labiekārtotu 2 istabu dzīvokli Altonovas ielā. Tālr. 7612935

Istabu uz gadu Skolas ielā. Tālr. 7400723

2 istabu dzīvokli ar daļējām ērtībām Valmieras ielā. Tālr. 415202

Māju Majoros, centrā. Tālr. 769930

2 istabu dzīvokli Iļģuciemā. Tālr. 7216978

1 istabas dzīvokli ar visām ertībām Ogrē. Tālr. 5068481

Istabu Valdemāra ielā. Tālr. 9230174

Māju Olainē. Tālr. 962783

Istabu Maskavas ielā. Tālr. 223166

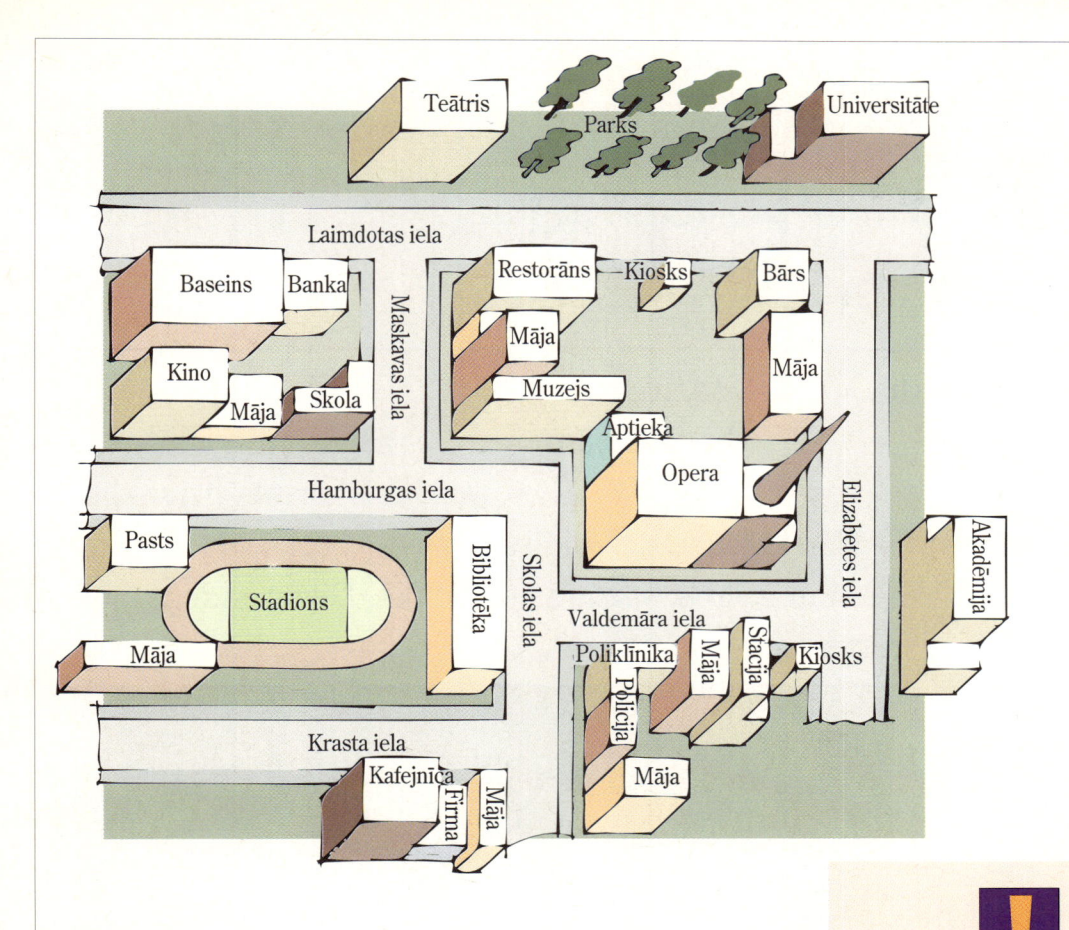

70. Turpiniet!

① – Es esmu baseinā. Kā var nokļūt līdz muzejam?
– Ejiet taisni līdz bankai, tad pa labi līdz skolai. Muzejs ir pa kreisi.

② – Es esmu bibliotēkā. Kā var nokļūt līdz akadēmijai?
– Ejiet ...

③ – Es esmu pastā. Kā var nokļūt līdz ...
– ...

④ – Es esmu ...
– ...

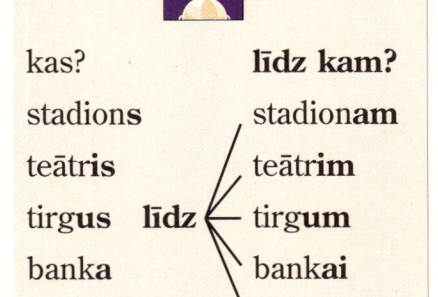

kas?	līdz kam?
stadion**s**	stadion**am**
teāt**ris**	teāt**rim**
tir**gus** līdz	tir**gum**
bank**a**	bank**ai**
universitā**te**	universitā**tei**

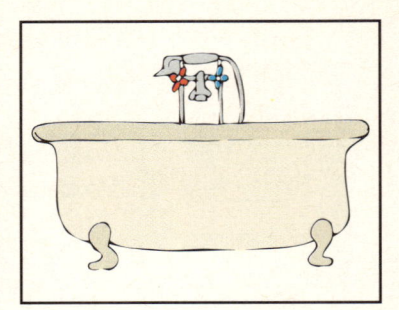

saulains dzīvoklis dzīvoklis dzīvoklis
saulaina istaba bez ērtībām ar visām ērtībām,
          labiekārtots dzīvoklis

– Kāds ir jūsu dzīvoklis?
– Man ir labs, saulains dzīvoklis. Divas istabas, visas ērtības.

kaimiņš kaimiņiene
Viņi ir kaimiņi.

– Kas ir jūsu kaimiņi?
– Mana kaimiņiene ir ārste. Viņa strādā poliklīnikā. Mans kaimiņš ir inženieris. Viņš strādā konditorejas fabrikā "Gardums".

71. Pastāstiet par savu dzīvokli un kaimiņiem!

72. Apskatiet shēmu! Jautājiet un atbildiet!

1. Kurā stāvā dzīvo aktrise Erna? Viņa dzīvo trešajā stāvā.

2. Kurā dzīvoklī dzīvo Erna? Viņa dzīvo devītajā dzīvoklī.

3. Kas dzīvo Ernai kaimiņos? ...

4. _____

4. stāvs	13 Āris Rožkalns	14 Alda Plūme	15 Visvaldis Darbiņš	16 Rūdis Liepiņš
3. stāvs	9 Erna Lapa	10 Žanis Zemmers	11 Sergejs Naļivaiko	12 Kazimirs Rupainis
2. stāvs	5 Saulvedis Gurķis	6 Vēsma Saknīte	7 Juris Kronītis	8 Džons Kārters
1. stāvs	1 Alise Rutka	2 Jānis Kociņš	3 Fredis Sāms	4 Toms Strazds

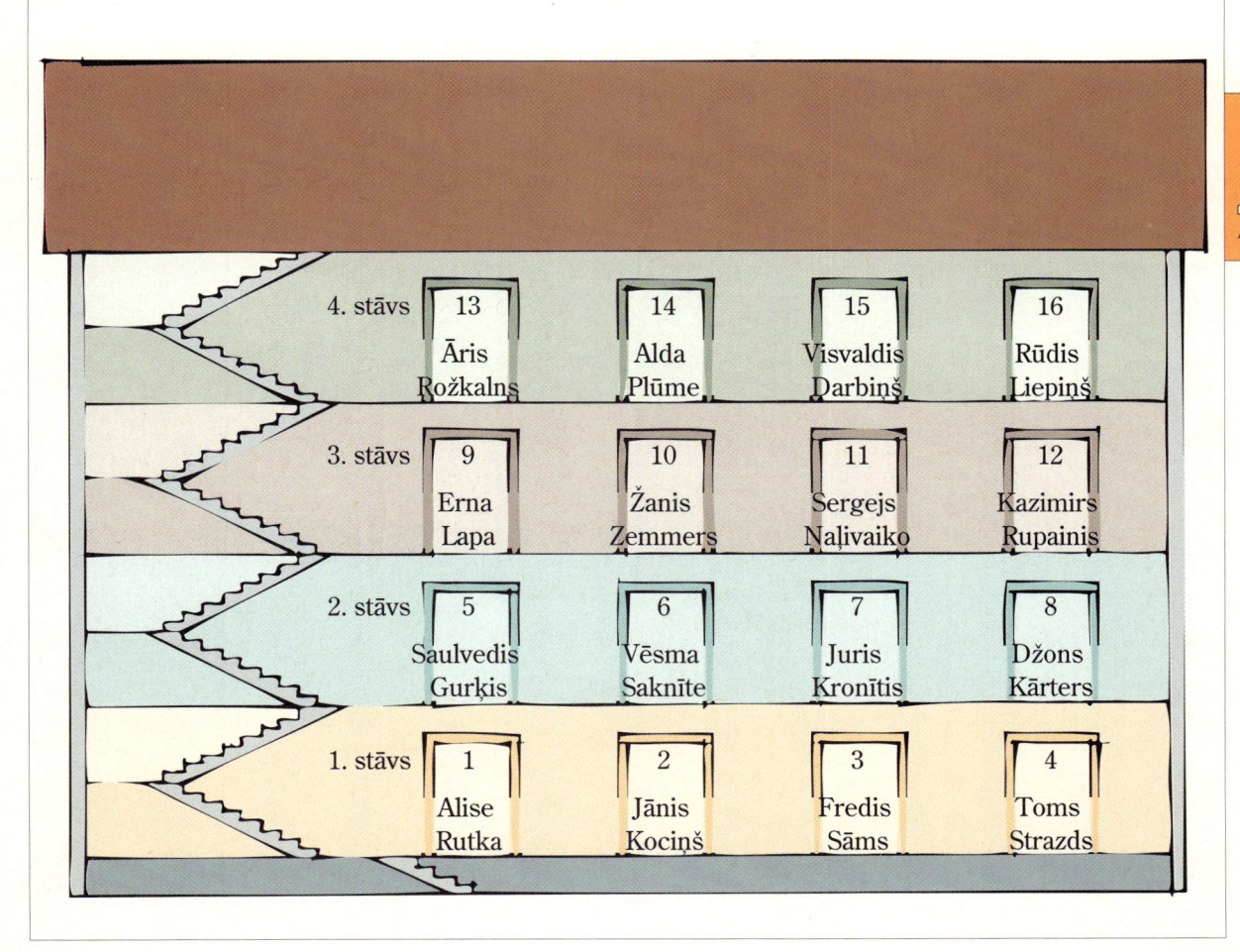

kas?	zem (uz, pie, aiz) kā?
ko**ks**	zem kok**a**
skap**is**	uz ska**pj**a
tirg**us**	pie tirg**us**
māj**a**	aiz māj**as**
tāfel**e**	pie tāfel**es**

zem koka

pie tāfeles

uz galda

aiz mājas

Zem gultas.

Guļ gultā.

Pie galda.

uz galda
aiz galda
aiz gultas
zem galda
pie gultas
uz gultas

73. Turpiniet!

Tedis ir parkā, ...

parks

būda

balkons

upe

koks

vanna

Virtuvē

| panna | katls | tējkanna | rīve | mikseris |

| ledusskapis | maizes kaste | izlietne | plīts | mikroviļņu krāsns |

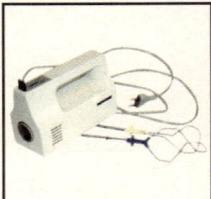

74. Apskatiet attēlu! Pastāstiet, kur kas atrodas!

75. Turpiniet!

1. šķīvis – šķīvji
2. krūzīte – krūzītes
3. glāze –
4. nazis –
5. karote –
6. dakšiņa –
7. tējkarote –
8. kafijas kanna –
9. cukurtrauks –
10. salvete –

šķīvis – šķī**vj**i

nazis – na**ž**i

76. Papildiniet!

1. Andrej, lūdzu, padod (5) karoti!
2. Lūdzu, padodiet
   (1) _____ un (3) _____!
3. Ilze, padod, lūdzu,
   (6) _____!
4. Vai jūs nevarētu padot
   (9) _____?
5. Padodiet, lūdzu,
   (4) _____!
6. Erna, padodiet, lūdzu,
   (10) _____!

– Ko tev padot?
– Lūdzu, **padod** cukurtrauku!
– Ko jums padot?
– Lūdzu, **padodiet** kafijas kannu!

Ģimenes albums

Erna ir Toma **sieva**.
Toms ir Ernas **vīrs**.
Ernai un Tomam
ir divi **bērni** – Jānis un Rota.
Jānis ir Ernas un Toma **dēls**.
Rota ir Ernas un Toma **meita**.
Jānis ir Rotas **brālis**.
Rota ir Jāņa **māsa**.
Erna ir Rotas un Jāņa **māte**.
Toms ir Rotas un Jāņa **tēvs**.
Ilze ir Ernas un Toma **mazmeita**.
Mārcis ir Ernas un Toma **mazdēls**.
Erna ir Ilzes **vecāmāte**.
Toms ir Ilzes **vecaistēvs**.
Juris ir Ernas un Toma **znots**.
Dace ir Ernas un Toma **vedekla**.
Erna ir Daces **vīramāte**.
Toms ir Daces **vīratēvs**.
Mārcis ir Ilzes **brālēns**.
Zane ir Ilzes **māsīca**.
Jānis ir Ilzes **onkulis**.
Dace ir Ilzes **tante**.
Juris ir Jāņa **māsas vīrs (svainis)**.
Dace ir Rotas **brāļa sieva (svaine)**.

Ilze un Andrejs skatās albumu.
Ilze stāsta par savu ģimeni.

77. Apskatiet Ilzes dzimtas koku un iepazīstieties ar viņas radiem!

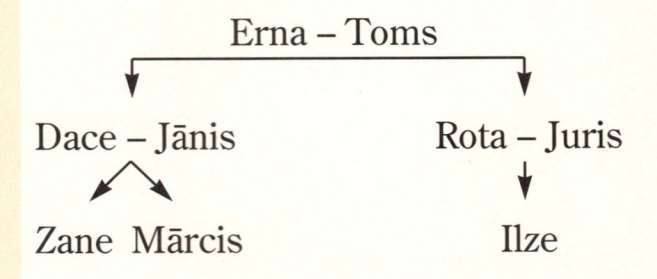

```
            Erna – Toms
           ↙           ↘
   Dace – Jānis      Rota – Juris
        ↙↘                ↓
   Zane  Mārcis          Ilze
```

78. Papildiniet!

1. Ilze ir _____ un _____ meita,
   _____ un _____ mazmeita,
   _____ un _____ māsīca.

2. Rota ir _____ māte, _____ un
   _____ meita, _____ māsa,
   _____ sieva.

3. Juris ir _____ tēvs, _____ un
   _____ znots, _____ vīrs.

4. Erna ir _____ un _____ māte,
   _____ sieva, _____ ,
   _____ un _____ vecāmāte,
   _____ sievasmāte, _____ vīramāte.

kas?	kā?
Andrejs	Andreja
Jānis	Jāna
Ingus	Ingus
Erna	Ernas
Ilze	Ilzes

→ māte

81

79. Atzīmējiet pareizo atbildi!

Andrejs stāsta Ilzei par saviem radiem.

1. Manai vecmāmiņai ir viens bērns – meita. Kas ir manas vecmāmiņas meita man?
   - ❏ mana māsa
   - ❏ mana māsīca
   - ❏ mana māte
   - ❏ mans tēvs

2. Manai mātei ir trīs bērni – Andrejs, Inga un Nikolajs. Kas man ir Nikolajs?
   - ❏ tēvs
   - ❏ brālis
   - ❏ onkulis
   - ❏ brālēns

3. Pēteris ir mana tēva znots. Kas man ir Pēteris?
   - ❏ vectētiņš
   - ❏ brālēns
   - ❏ brālis
   - ❏ māsas vīrs (svainis)

4. Manam tēva brālim ir meita Kristīne. Kas man ir Kristīne?
   - ❏ māsīca
   - ❏ māsa
   - ❏ vecmāmiņa
   - ❏ tante

5. Mana onkuļa sievu sauc Vika. Kas man ir Vika?
   - ❏ māte
   - ❏ māsīca
   - ❏ tante
   - ❏ vecmāmiņa

6. Manu tēvu sauc Pēteris. Kas Pēteris ir manai mātei?
   - ❏ brālis
   - ❏ vīrs
   - ❏ brālēns
   - ❏ onkulis

Tante ir bagāta.

Vecaistēvs ir vecs.

Brālēns ir nabags (nabadzīgs).

Māsa ir skaista un priecīga.

Brālis ir jauns un bēdīgs.

80. Pastāstiet par saviem radiem, raksturojiet viņus!

Viens, viens, viens...

Viņš dzer.
Viņa nedzer.

Viņš ir bagāts, tagad nabags.

Viņš ir vecs,

nē, jauns un bēdīgs.

Viņa ir skaista un priecīga.

Viņš ir neglīts.

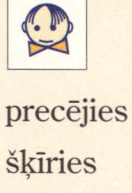

es	esmu (neesmu)	precējies	precējusies
tu	esi (neesi)	šķīries	šķīrusies
viņš	ir (nav)	precējies (šķīries)	
viņa	ir (nav)		precējusies (šķīrusies)
mēs	esam (neesam)	precējušies	precējušās
jūs	esat (neesat)	šķīrušies	šķīrušās
viņi	ir (nav)	precējušies (šķīrušies)	
viņas	ir (nav)		precējušās (šķīrušās)

Ģimenes stāvoklis

neprecējies   neprecējusies 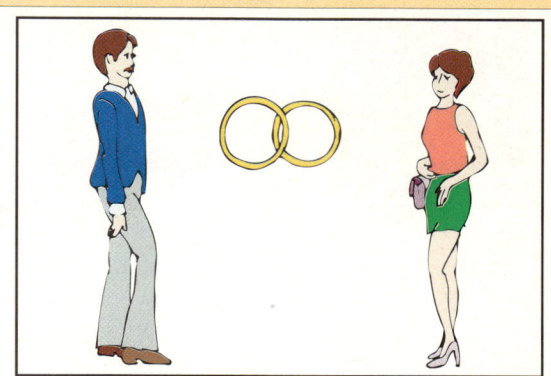   precējies   precējusies

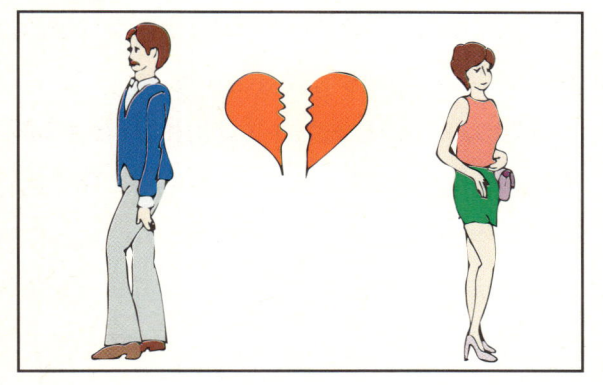

šķīries   šķīrusies    atraitnis   atraitne

81. Turpiniet!

Profesors Kronītis ir precējies.
Ilze _____
Erna _____
Rūdis _____
Toms _____
Es _____

82. Izlasiet tekstus! Uzrakstiet, kura istaba tā ir!

Ilzes stāsta:
– Mana istaba ir maza. Istabā ir gulta. Pie loga ir galds. Uz galda ir vāze un grāmatas. Pie durvīm ir skapis. Skapī ir manas blūzes, džemperi. Pa logu var redzēt parku.

Tā ir _____ istaba.

Ilzes māte stāsta:
– Mūsu istaba ir liela. Mums ir daudz grāmatu. Te mēs skatāmies televizoru. Pie sienas ir ģimenes fotogrāfijas. Mūsu istaba patīk arī Tedim. Istabā ir liels galds. Pie šī galda mēs ēdam pusdienas. Pie sienas ir dīvāns. Uz palodzes ir liela balzamīne.

Tā ir _____ istaba.

Rūdis stāsta:
– Mana istaba ir ērta. Te ir sekcija ar grāmatām, radio, televizors, magnetofons. Pie loga ir galds. Uz galda ir lampa un grāmatas. Es daudz lasu un klausos mūziku. Pie sienas ir skapis un spogulis. Pie gultas ir ģitāra.

Tā ir _____ istaba.

86

5. nodaļa
DARBS UN NAUDA

Ilzes vecāsmātes dzīvoklī ir zagļi. Viņi nes ārā mēbeles. Kaimiņiene domā, ka viņi ir transporta firmas strādnieki.

Vēlāk kaimiņiene redz, ka dzīvoklī ieiet Andrejs. Viņa domā, ka Andrejs ir zaglis.

Ko jūs vēlaties?

Krājbankā pie lodziņa stāv Saulvedis Gurķis.
– Labdien! Ko jūs vēlaties? Noguldīt vai izņemt naudu?
– Izņemt!
– Lūdzu, aizpildiet veidlapu!
– Kas man jāraksta?
– Rakstiet!

Vārds, uzvārds	Saulvedis Gurķis
Summa	divdesmit viens Ls seši sant.
Konta numurs	600143
Datums	1997. gada 15. augusts
Paraksts	S. Gurķis

noguldīt naudu

izņemt naudu

saņemt naudu

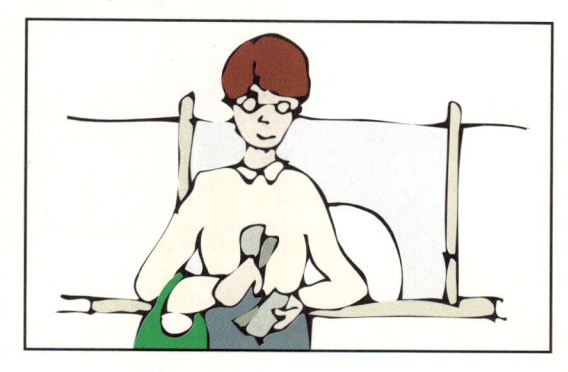

pārskaitīt naudu

83. Aizpildiet veidlapu!

Vārds _____
Uzvārds _____

Summa _____
Konta nr. _____

Datums _____

Paraksts _____

Es vēlos (gribu) noguldīt naudu.
Es vēlos (gribu) izņemt naudu.
Pārskaitiet naudu!
Paraksties!
Parakstieties!

Draugi

Andrejs ķer zagļus. Policisti zagļus noķer, bet Andreja mašīna sadeg. Andrejs ir bēdīgs. Viņa mašīna ir autoservisā. Autoremonts vai jauna mašīna maksā dārgi, bet Andrejam nav naudas – bankrots. Ilze ir Andreja draudzene. Viņas draugs tagad ir nabags. Jāpalīdz! Rūdis ir Ilzes draugs, bet arī viņam nav naudas. Ilze ir bēdīga. Viņas draugs Rūdis arī ir nabags.

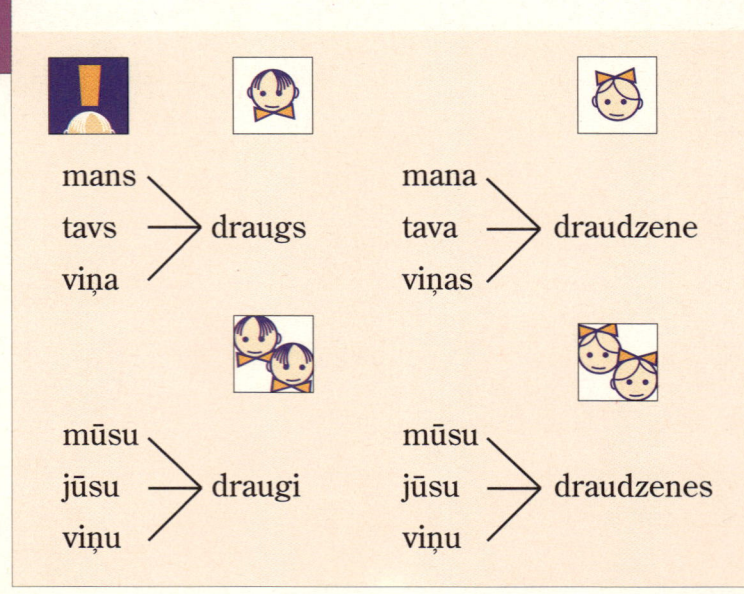

mans
tavs ⟩ draugs
viņa

mana
tava ⟩ draudzene
viņas

mūsu
jūsu ⟩ draugi
viņu

mūsu
jūsu ⟩ draudzenes
viņu

Kas te ņaud?
Es un mans kaķis.
Tu? Vai tas ir tavs kaķis?
Viņa. Viņas kaķis.

Viņš. Viņa pirksts.
Mēs. Mūsu galds.
Jūs. Jūsu galds.
Viņi. Viņu galds.

Mans draugs.
Es esmu tavs draugs.

Es esmu arī tavs draugs.
Viņas un viņu draugs.

91

Viņi ir draugi.    Viņas ir draudzenes.

Viņi ir draugi.    Viņi ir draugi.

| pieklājīgs | pļāpīga | kautrīgs | iedomīgs | skops |

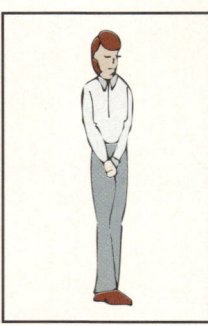

84. Pastāstiet, kāds ir jūsu draugs, kāda ir jūsu draudzene!

85. Lasiet tekstus! Kā sauc attēlos redzamos cilvēkus?

a) Ievai ir laba draudzene Dace. Ieva un Dace ir skolotājas. Viņas strādā skolā. Ieva māca matemātiku, bet Dace – angļu valodu. Dacei ir īsi, brūni mati. Ievai ir gari, blondi mati. Dace labi zina angļu valodu. Viņa mācās arī franču valodu.

b) Profesors Juris Kociņš strādā P. Stradiņa slimnīcā. Jānis Bērziņš arī ir ārsts. Viņš ir ķirurgs Liepājā. Juris un Jānis ir labi draugi. Juris nav garš, bet Jānis ir ļoti garš un tievs.

c) Igors un Raimonds ir draugi jau 15 gadus. Raimonds ir ekonomists. Viņš strādā bankā. Viņš daudz strādā ar datoru. Raimondam ir apaļš vēders, viņam garšo šokolāde. Igors ir mākslinieks. Viņš ir garš, viņam ir melni mati.

d) Anna kopā ar draudzeni Elzu bieži iet uz teātri, kino, muzeju. Annai un Elzai ļoti patīk lasīt. Elzai ir gari mati. Viņa vienmēr ir eleganta. Annai ir īsi mati. Viņai patīk kostīmi.

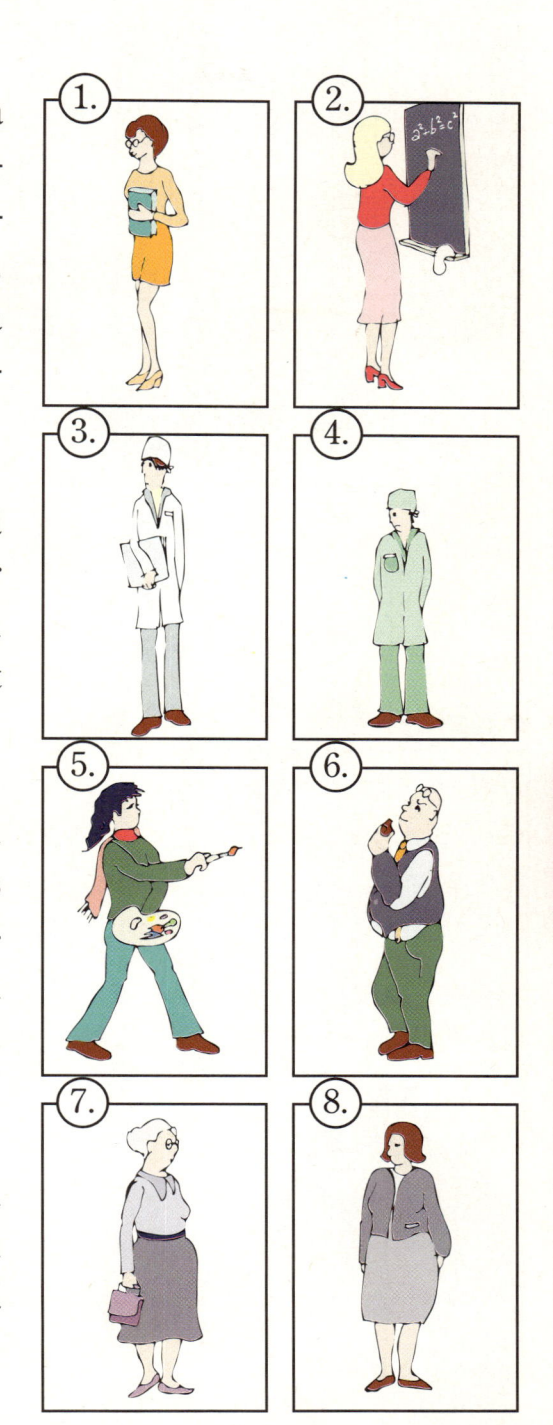

Ilzes vecāmāte grib palīdzēt Andrejam nopirkt mašīnu. Jauna mašīna maksā dārgi. Ne Andrejam, ne Ilzei, ne Ernai nav daudz naudas. Ilze var dot Andrejam 100 latus. Ernai krājkasē ir 200 latu. Erna grib izņemt savu noguldījumu. Krājbankā strādā Ilzes vecaistēvs. Viņš dod Ernai veidlapu.

86. Ilze un Erna lasa sludinājumus. Lasiet arī jūs un nosakiet, kuri sludinājumi viņas interesē! Pamatojiet, kāpēc!

Pārdod

Opel Omega (1990. g. izlaidums) Ls 5000
Tālr. 996432

Jawa 638 (1990. g., bez motora) Ls 55
Tālr. 7619044

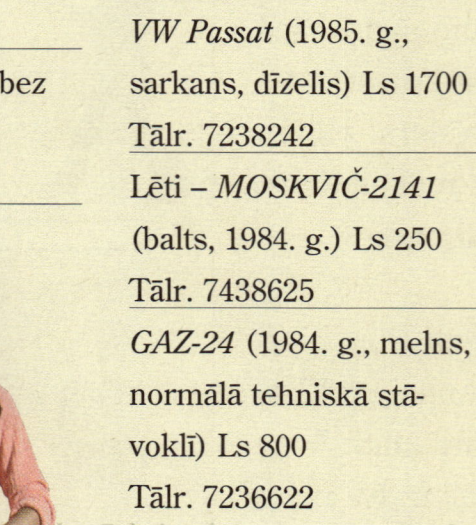

Kravas mikroautobuss (1991. g, balts) Ls 1200
Tālr. 7263019

VW Passat (1985. g., sarkans, dīzelis) Ls 1700
Tālr. 7238242

Lēti – *MOSKVIČ-2141* (balts, 1984. g.) Ls 250
Tālr. 7438625

GAZ-24 (1984. g., melns, normālā tehniskā stāvoklī) Ls 800
Tālr. 7236622

Ford Fiesta (1985. g., pelēks) Ls 780
Tālr. 956976

VAZ-2103 (labā tehniskā stāvoklī, oriģinālais motors) Ls 500
Tālr. 7222974

GAZ-12 ZIM (remontējams) Ls 150. Ir varianti.
Tālr. 7558462

Meklēju darbu

Ilzes māte strādā Nodarbinātības Valsts dienestā. Viņa ir inspektore. Pie viņas darbu meklē bezdarbnieki – cilvēki, kuriem nav darba.

Šodien inspektore palīdz jaunai sievietei, kura grib strādāt par sekretāri. Bet makšķernieks grib saņemt bezdarbnieka pabalstu.

87. Papildiniet!
1. – Kāda ir jūsu izglītība?
   – Man ir ...
2. – Kāda ir jūsu profesija?
   – Es esmu ...
3. – Ko jūs protat?
   – Es protu ...

strādāt ar datoru    vadīt automašīnu

pamata (9 klases)
vidējā ⟩ izglītība (12 klases)
augstākā (institūts, universitāte)

es	meklēju	mēs	meklējam
tu	meklē	jūs	meklējat
viņš ⟩ meklē		viņi ⟩ meklē
viņa		viņas

es	protu	mēs	protam
tu	proti	jūs	protat
viņš ⟩ prot		viņi ⟩ prot
viņa		viņas

95

Andrejs Popovs arī meklē darbu. Viņam vairs nav mašīnas, viņš nevar strādāt par taksometra vadītāju.

Ilzes māte un Andrejs datorā meklē darba piedāvājumus.

88. Izlasiet arī jūs! Atzīmējiet tos, kuri var interesēt Andreju! Pamatojiet, kāpēc!

Aicina darbā

Santehniķi.
Tālr. 422268

A/s *Latvijas koks* transporta daļas priekšnieku.
Tālr. 432147

Firma *Riti* autovadītāju automašīnai "Skania".
Tālr. 381675

Ekonomistu ar darba pieredzi.
Tālr. 267844

Šoferi ar savu transportu.
Tālr. 7249168

Transporta daļas vadītāju. Obligātas latviešu valodas zināšanas.
Tālr. 462754

Reklāmas aģentūra sekretāri.
Tālr. 7228364

Autoservisa dienesta vadītāju.
Krustpils ielā 45

Firma reģionālos menedžerus.
Tālr. 563980

SIA *Ritom* reklāmas konsultantu.
Tālr. 7541952

Konkursa kārtībā sekretāri.
Tālr. 7055080

Transporta un ekspedīcijas firma autopārvadājumu ekspedīcijas menedžerus.
Tālr. 283831

Inženieri darbam ar kopēšanas tehniku.
Tālr. 7204076

Konditoru.
Tālr. 383888

Firma autoelektriķi ar pieredzi.
Tālr. 7549224

Automobiļu, pneimatisko sistēmu, kompresoru remontstrādniekus.
Tālr. 452861

Latviešu valodas skolotāju.
Tālr. 274706

Elektriķi.
Tālr. 589836

Andrejs lasa darba piedāvājumus. Inspektore lūdz Andreju uzrakstīt un atstāt informāciju par sevi. Andrejs raksta savu dzīves aprakstu (*Curriculum vitae* – CV).

Curriculum vitae
Personas dati:
　　Andrejs Popovs,
　　dzim. 1972. gada 7. janvārī
　　Daugavpilī
　　vīrietis
　　dzīv. Kāpu ielā 30 dz. 9,
　　Daugavpilī, LV 1101
　　tālr. 5430792
Izglītība:
　　1990–1993 Daugavpils Pedagoģiskās
　　universitātes Bioloģijas fakultāte
　　1980–1990 Daugavpils 1. vidusskola
Darba pieredze:
　　1993–1997 taksometra vadītājs
Papildu izglītība, kursi:
　　B kategorijas autovadītāja apliecība
　　iemaņas darbā ar datoru
Valodu zināšanas:
　　krievu valoda – brīvi
　　latviešu valoda – sarunvalodas līmenī
　　angļu valoda – ar vārdnīcas palīdzību
Rīgā 1997. gada 3. oktobrī

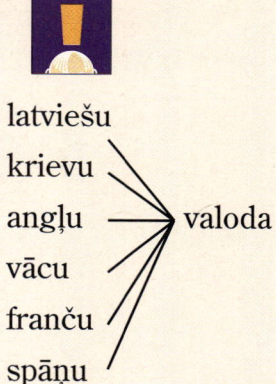

A. Popovs

latviešu
krievu
angļu ⟩ valoda
vācu
franču
spāņu

89. Uzrakstiet savu dzīves aprakstu!

90. Atbildiet!
　Kādas valodas jūs protat?

Es protu latviešu, krievu un vācu valod**u**.
Andrejs krievu valodu pārvalda brīvi.
Latviešu valodu viņš zina sarunvalodas līmenī.
Andrejs lasa angliski ar vārdnīcas palīdzību.

Vajadzīgs šoferis! Varu strādāt par šoferi, protu vadīt mašīnu.

Vajadzīga sekretāre! Varu strādāt par sekretāri. Protu runāt un rakstīt krieviski, latviski un angliski.

Vajadzīgs policists! Varu strādāt par policistu. Man ir pistole.

Vajadzīga pārdevēja! Varu strādāt par pārdevēju. Es esmu laipna.

Vajadzīgi reklāmas aģenti! Varam strādāt par reklāmas aģentiem, mēs esam enerģiski.

kungs
Godātais Kalniņa kungs!

kundze
Cienījamā Lapas kundze!

91. Turpiniet!

Vajadzīgs skolotājs ar labām angļu valodas zināšanām.

Vajadzīgs pavārs ar latviešu valodas zināšanām.

Vajadzīga oficiante ar latviešu, krievu un angļu valodas zināšanām.

Vēlos strādāt par ...
Es runāju ...

92. Andrejs vēlas strādāt firmā "Riti" par autovadītāju. Pēc parauga uzrakstiet viņa iesniegumu firmas prezidentam!

                              Firmas "Riti"
                              prezidentam
                              god. J. Šūmahera kungam

Ilzes Kārkliņas,
dzīv. Kalnu ielā 17–6,
Rīgā, LV-1053,
tālr. 7225659,

                iesniegums

Lūdzu pieņemt mani darbā firmā "Riti" par sekretāri.

Pielikumā: 1) vidējās izglītības diploma kopija,
                2) dzīves apraksts,
                3) 3 fotokartītes.

Rīgā 1997. gada 16. oktobrī

                                              I. Kārkliņa

Kad jums ir dzimšanas diena?

kas?	kad?
janvāris	janvārī
februāris	februārī
marts	martā
aprīlis	aprīlī
maijs	maijā
jūnijs	jūnijā
jūlijs	jūlijā
augusts	augustā
septembris	septembrī
oktobris	oktobrī
novembris	novembrī
decembris	decembrī

Šodien ir 1. janvāris.
Vakar bija 31. decembris.
Rīt būs 2. janvāris.

93. Atbildiet!
1. Kāds šodien ir datums?
2. Kāds vakar bija datums?
3. Kāds rīt būs datums?

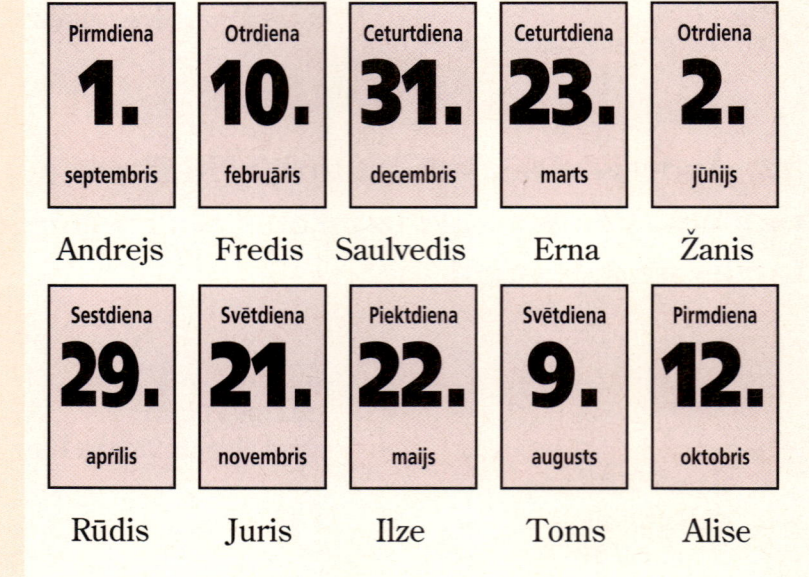

Pirmdiena **1.** septembris	Otrdiena **10.** februāris	Ceturtdiena **31.** decembris	Ceturtdiena **23.** marts	Otrdiena **2.** jūnijs
Andrejs	Fredis	Saulvedis	Erna	Žanis
Sestdiena **29.** aprīlis	Svētdiena **21.** novembris	Piektdiena **22.** maijs	Svētdiena **9.** augusts	Pirmdiena **12.** oktobris
Rūdis	Juris	Ilze	Toms	Alise

94. Turpiniet!
Andrejam dzimšanas diena ir pirmajā septembrī.

Jurim ...   Fredim ...
Ernai ...   Ilzei ...
Alisei ...   Saulvedim ...
Rūdim ...   Žanim ...
Tomam ...   Man ...

Es esmu dzimis 1960. (tūkstoš deviņsimt sešdesmitajā) gadā.

Es esmu dzimusi 1972. (tūkstoš deviņsimt septiņdesmit otrajā) gadā.

Es esmu dzimis 1960. (tūkstoš deviņsimt sešdesmitā) gada 8. (astotajā) septembrī.

Es esmu dzimusi 1972. (tūkstoš deviņsimt septiņdesmit otrā) gada 23. (divdesmit trešajā) februārī.

es	esmu	dzim**is** – dzim**usi**
tu	esi	
viņš	ir —— dzim**is**	
viņa	ir ———— dzim**usi**	
mēs	esam	dzim**uši** – dzim**ušas**
jūs	esat	
viņi	ir —— dzim**uši**	
viņas	ir ———— dzim**ušas**	

95. Izlasiet, kad viņi ir dzimuši!

Erna — 1929. g.
Toms — 1928. g. 3. X 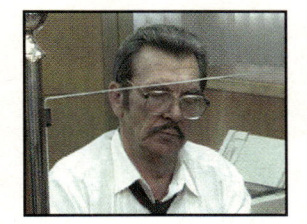
Saulvedis Gurķis — 1950. g. 
Ilze — 1976. g. 22. V 
Andrejs — 1972. g. 7. I 
Juris Kronītis — 1940. g. 
Fredis — 1951. g. 10. II 
Rūdis — 1974. g. 29. IV 
Alise — 1975. g. 17. I

Kā jums iet?

Paldies. Mums iet slikti.

Kā tev iet?
Man? Man iet labi.

Cik ir pulkstenis?

Tūlīt būs pieci.

Cik?
Pieci.

Par vēlu!

Pareizi!

Ātri! Ātri!
Lēnāk!
Ātrāk!

ātri    ātrāk 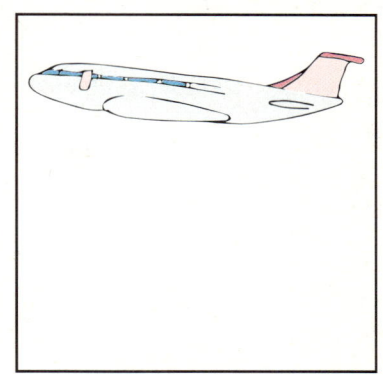   visātrāk

lēni    lēnāk    vislēnāk

96. Papildiniet!

Nāc ... pie telefona!
Mums nav laika. Ēd ...!
Kurš skrien ...?
Mums ir daudz laika. Brauc ...!
Es nesaprotu. Runā ...!

97. Vai iesniegums uzrakstīts pareizi? Ja ne, izlabojiet un papildiniet!

Firmas "Ritom"
cien. Lapiņas kundzei

Igora Petrova

iesniegums

Lūdzu pieņemt mani darbā firmā "Ritom" par

Pielikumā: 1) vidējās izglītības diploma kopija,
            2) 3 fotokartītes.

Igors Petrovs

98. Izlasiet Jāņa Lapiņa vēstuli! Uzrakstiet, kāds varētu būt sludinājums avīzē!

Es atbildu uz jūsu sludinājumu avīzē "Ziņas". Es esmu inženieris ekonomists. Man ir 15 gadu darba stāžs. Tagad esmu bezdarbnieks. Vēlos strādāt jūsu firmā par reklāmas konsultantu.

Es brīvi runāju latviski, krieviski un angliski. Man ir autovadītāja apliecība, iemaņas darbā ar datoru. Esmu labs organizators, varu strādāt lielā kolektīvā. Esmu enerģisks, pieklājīgs un komunikabls.

Jānis Lapiņš

6. nodaļa
KĀDS VIŅŠ IR?

Ilze meklē Andreju, bet nekur nevar atrast. Viņa uztraucas. Ilze zvana uz slimnīcām. Viņa zvana pat uz morgu. Arī tur Andreja nav.
Bet Andrejs nekur nav pazudis. Viņš sapņo par Ilzi.

Ilze meklē Andreju. Viņa zvana uz morgu.
– Morgs, – atbild vīrietis.
– Labvakar! Pazudis cilvēks. Jau trīs dienas.
– Uzvārds?
– Popovs. Andrejs.
– Nē, tāda pie mums nav. Pagaidiet! Divus tikko atveda bez dokumentiem. Cik viņam gadu?
– Apmēram divdesmit pieci.
– Viens tāds ir. Kāds viņam augums?
– Garāks par mani.
– Es jūs neredzu.
– Es esmu metru septiņdesmit gara.
– Vai jūsu Popovam tetovējumi ir?
– Es nezinu. Kurā vietā?
– Uz krūtīm.
– Nav. Tas nav viņš. Liels paldies!
– Nav par ko.
Viņš ir sveiks un vesels.

Ilze ir **īsāka** par Andreju.
Andrejs ir **garāks** par Ilzi.

man		viens	gads
tev		divi	
viņam		trīs	gadi
viņai		divdesmit pieci	
mums	ir	divdesmit septiņi	
jums		desmit	
viņiem		divpadsmit	gadu
viņām		četrdesmit	

99. Cik viņiem ir gadu?

Erna	1929. g.
Rūdis	1974. g.
Ilze	1976. g.
Andrejs	1972. g.
Kronītis	1940. g.

> Acumirkli, uzgaidiet!

> Vai uzziņas? Sakiet, lūdzu, kā var piezvanīt policijai?

Kā var piezvanīt uz aptieku?
No sirds iesaku jums baldriāna tinktūru.

Labas zāles?
Ļoti labas zāles.
Diemžēl es nevaru jums palīdzēt!

100. Uz kurieni viņi zvana?

Andrejs zvana uz [Firma "Evita" tālr. 277005] firmu "Evita".

Tūrists zvana uz _____.

Klients zvana uz _____.

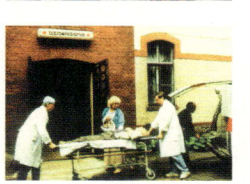

Slimnieks zvana uz _____.

Policijas iecirknī

Andreja nav. Ilze iet uz policiju. Viņa lūdz meklēt Andreju. Viņai nav Andreja fotogrāfijas.
Policijā veido Andreja fotorobotu. Ilze palīdz.

Kāda Andrejam ir seja?

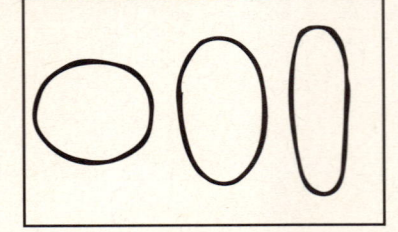

apaļa ovāla iegarena

Kāda Andrejam ir piere?

augsta zema

Kādas Andrejam ir ausis?

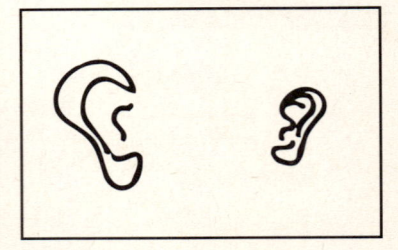

lielas mazas

Kādas Andrejam ir acis?

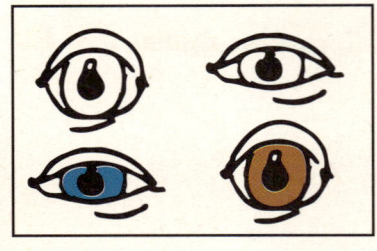

platas šauras
zilas   brūnas

Kāds Andrejam ir deguns?

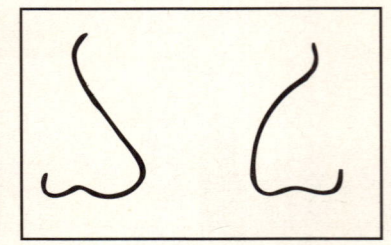

taisns līks

Kāda Andrejam ir mute?

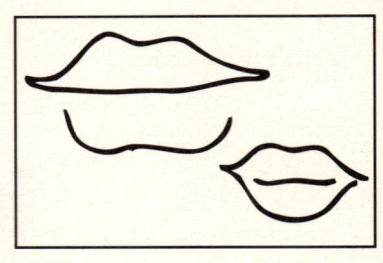

liela maza

Kādi Andrejam ir mati?

īsi gari biezi plāni tumši gaiši nav matu (plikgalvis)

Apaļa seja vai garena seja?
Ovāla seja.

Platas acis vai šauras acis? Viena acs plata, otra – šaura.

Viena acs brūna, otra – zila.
Īsi mati vai gari mati?

Biezi mati vai plāni mati?
Nav matu. Plikgalvis.

101. Pastāstiet par Andreju!

Viņam ir ovāla seja, īsi mati, ...

102. Papildiniet! Turpiniet!

Manam draugam ir ... seja, ... piere, ...acis, ...
Manai draudzenei ir ... mati, ...

Aptiekā

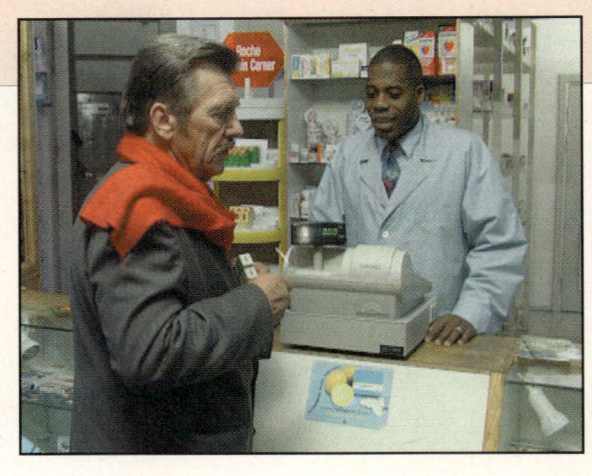

103. Turpiniet!

Aptiekā ir daudz cilvēku. Viņi pērk C vitamīnu, ...

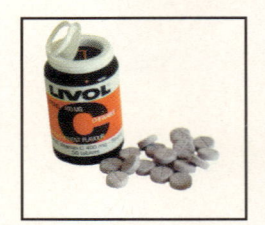

| C vitamīns | polivitamīni | tabletes | mikstūra |

| tinktūra | vate | marle |

| plāksteris | leikoplasts | termometrs |

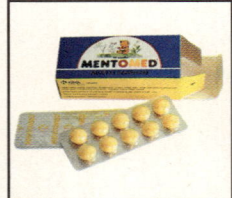

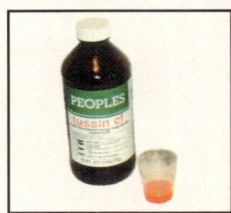

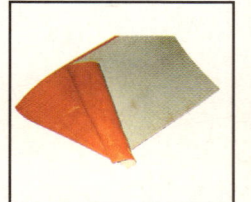

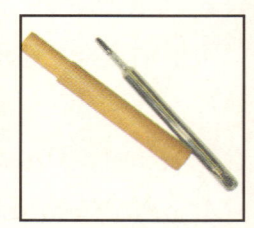

kas?	ko?
termomet**rs**	termomet**ru**
plākster**is**	plākster**i**
mikstūr**a**	mikstūr**u**
marl**e**	marl**i**
vitamīn**i**	vitamīn**us**
tablet**es**	tablet**es**

110

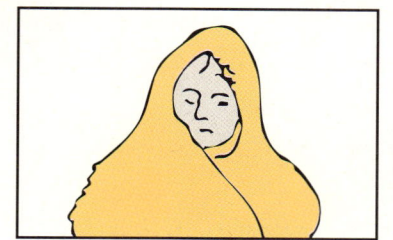

Viņam salst. 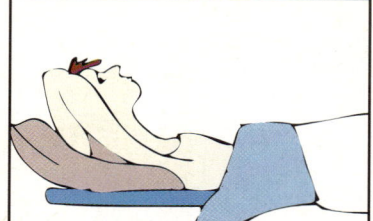   Viņš slikti guļ.   Viņš labi guļ.
               Viņam nenāk miegs. Viņam nāk miegs.

Aptiekā ir Ilzes vecaistēvs, Andrejs un Saulvedis Gurķis. Ilzes vecamtēvam ir bronhīts un klepus. Viņš pērk zāles pret klepu, pret bronhītu.

Andrejs slikti guļ. Viņš pērk zāles pret bezmiegu (miegazāles).

Saulvedim Gurķim salst kājas. Viņš arī grib zāles.

es	guļ**u**
tu	guļ**i**
viņš / viņa	guļ
mēs	guļ**am**
jūs	guļ**at**
viņi / viņas	guļ

104. Papildiniet dialogus!

1. – Vai jums salst?
   – Jā, man salst.
   – Kas jums salst?
   – Man salst rokas un kājas.

2. – Vai jūs slikti guļat?
   – Jā, ... Man ...

3. – Vai Andrejam nāk miegs?
   – ...
   – Kā viņš guļ?
   – ...
   – Vai viņš lieto miegazāles?
   – ...

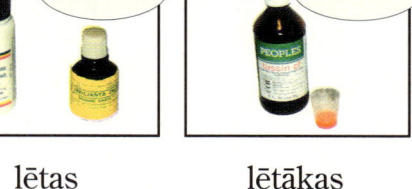

Ls 0.75 — lētas
Ls 0.50 — lētākas 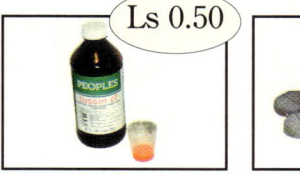
Ls 0.20 — vislētākās 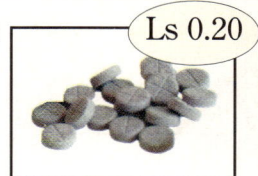

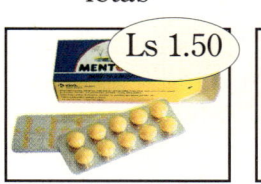

Ls 1.50 — dārgas
Ls 2.00 — dārgākas 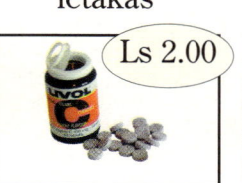
Ls 2.30 — visdārgākās

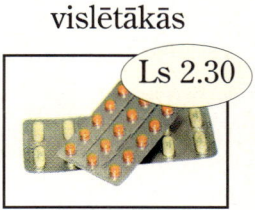

Kā lietot zāles

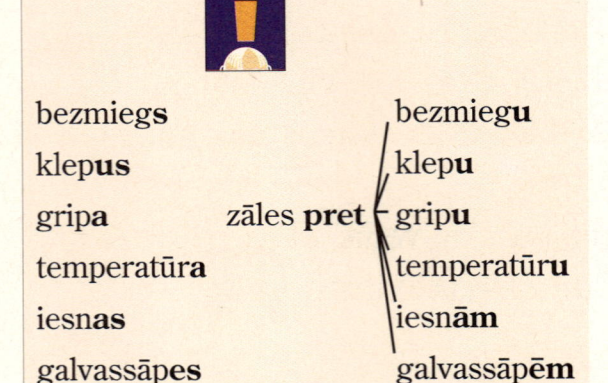

bezmieg**s**		bezmieg**u**
klep**us**		klep**u**
grip**a**	zāles **pret**	grip**u**
temperatūr**a**		temperatūr**u**
iesn**as**		iesn**ām**
galvassāp**es**		galvassāp**ēm**

– Man, lūdzu, zāles pret sāpēm.
– Vai jums ir recepte?
– Jā.
– Lūdzu! Lietojiet zāles trīs reizes dienā pa vienai tabletei pēc ēšanas.

105. Papildiniet!

1. Man ir iesnas. Lūdzu, zāles pret iesnām!
2. Man sāp galva. Lūdzu, _____
3. Es slikti guļu. _____
4. Man ir klepus. _____
5. Man ir augsta temperatūra. _____

pirms ēšanas    pēc ēšanas

Ilzes vecaistēvs, Saulvedis Gurķis un Andrejs grib zināt, kā zāles lietot.

pa	vienai	tabletei, kapsulai	vienreiz dienā (no rīta, vakarā) divreiz dienā trīsreiz dienā četrreiz dienā	pēc ēšanas pirms ēšanas
	divām trim četrām piecām desmit	tabletēm, kapsulām		
pa	vienam	pilienam		
	diviem trim četriem pieciem desmit	pilieniem		

106. Uzrakstiet, kuras zāles lieto šādos gadījumos! Kā tās lieto?

1. Ja sāp kakls, lieto zāles pret kakla sāpēm pa vienai tabletei četrreiz dienā.
2. Ja sāp galva, _____
_____
3. Ja ir klepus, _____
_____
4. Ja ir iesnas, _____
_____

pret klepu
1 tab. – 3 x d.

pret iesnām
6 pil. – 6 x d.

pret kakla sāpēm
1 tab. – 4 x d.

pret galvassāpēm
1 kaps. – 2 x d.

107. Pastāstiet, kad un kā lieto šīs zāles!

pret galvassāpēm, pret angīnu, pret alerģiju, pret zobu sāpēm, pret sliktu dūšu, pret sirdssāpēm

Parkā

– Palīgā! Man uzbruka!
– Kas? Kā viņš izskatās? Vai viņam ir kādas īpašas pazīmes? Vai viņam ir brilles? Vai viņš ir klibs?
– Nē, viņam nav briļļu. Viņš nav klibs.
– Kur viņš ir?
– Re, tur!

Viņam ir brilles.    Viņš ir klibs.

108. Pastāstiet, kāds viņš ir!
Viņš ir...
Viņam ir...

– Kā tas notika?
– Es nezinu.

– Ko jūs darījāt?
– Neko.

– Ko viņš darīja?
– Neatceros.
– Vai viņš jūs skūpstīja?
– Jā... Nē... Jā!

– Vai jūs viņu redzējāt?
– Jā... Nē!

Vai jums ir laiks?

– Atvainojiet! Es esmu no firmas "Baltijas datu nams". Vai jums ir laiks?
– Jā. **Es nesteidzos. Man ir laiks.**
– Lūdzu, atbildiet uz jautājumiem!
– Jautājiet!
– Paldies! Jūs varat laimēt galveno balvu – desmit dienas Kanāriju salās.
– Vai tas ir jautājums?
– Nē, tā ir informācija. Lūdzu, te ir mana vizītkarte.
– Paldies! Atvainojiet, **es steidzos! Man vairs nav laika!**

109. Atbildiet uz jautājumiem!

1. Kāds ir jūsu vārds un uzvārds? _____
2. Cik jums ir gadu? _____
3. Vai esat vīrietis vai sieviete? _____
4. Vai esat precējies (precējusies)? _____
5. Vai esat šķīries (šķīrusies)? _____
6. Vai parlaments labi strādā? _____
7. Vai jūs gribat būt Saeimas deputāts (deputāte)? _____
8. Vai jūs gribat būt Valsts prezidents (prezidente)? _____
9. Vai jūs gribat privatizēt savu dzīvokli par sertifikātiem? _____
10. Vai jums bankā ir nauda? _____
11. Vai lietojat Latvijas preci? _____
12. Vai jums patīk reklāma televīzijā un radio? _____

7. nodaļa
DĀVANA

Galerijā ir Rūda gleznas. Cilvēku ir daudz: mākslinieki, aktieri, kritiķi, skolotāji, ārsti un citi. Viņus interesē Rūda darbi.

Te ir arī Fredis Kukainis. Viņš vēlas pirkt gleznu. Tā būs dāvana dēla skolotājai Ilzei. Viņai drīz būs dzimšanas diena.

Dāvana ar garantiju

– Mans vārds ir Fredis Kukainis. Te ir mana vizītkarte.
– Ļoti patīkami. Es esmu Vēsma Vabolīte.
– Mēs meklējam dāvanu. Dēla skolotājai ir dzimšanas diena.
– Glezna ir laba dāvana.
– Dēlam patīk tā glezna. Vai jums arī tā patīk?
– Jūsu dēlam ir laba gaume. Man arī tā glezna patīk.
– Arī jums nav slikta gaume. Mēs gribam dāvanu ar garantiju. Vai gleznai ir garantija?

dāvana

Fredis Kukainis
tirdzniecības menedžeris

Saules iela 83 dz. 24, Rīga

vizītkarte

Garantijas laiks ir	viena	nedēļa, diena, stunda
	divas desmit	nedēļas, dienas, stundas
	viens	gads, mēnesis
	divi desmit	gadi, mēneši

Naudas pārvedums

– Es gribu nosūtīt naudu.
– Lūdzu!
– Kad adresāts naudu saņems?
– Kur adresāts dzīvo?
– Rīgā.
– Jūsu adresāts naudu saņems pēc divām dienām.
– Kas man jādara?
– Aizpildiet veidlapu!

pēc	vienas	nedēļas, dienas, stundas, minūtes
pēc	divām trijām ... desmit	nedēļām, dienām, stundām, minūtēm
pēc	viena	gada, mēneša
pēc	diviem trijiem ... desmit	gadiem, mēnešiem

110. Aizpildiet veidlapu!

✉ LATVIJAS PASTS PS5

Pasta	Telegrāfa	Pēcmaksas
	Izejošais	
	Ienākošais	

NAUDAS PĀRVEDUMS

Nr. .... Nr. ....
(KD5)   (PP11)

| Naudas operāciju kontroles zīmogs | Kalendāra zīmogs |

Summa Ls .... (..) Maksa
(lati vārdiem, santīmi cipariem)

Adresāts .... Ls..................

Adrese ....
(pasta adrese un indekss) (pasta darbinieka paraksts)
....

Sūtītājs .... Maksa par piegādi

Adrese .... Ls..................
(pasta adrese un indekss)
....
(kontroliera paraksts)

– – – – – – – – – – GRIEZUMA LĪNIJA – – – – – – – – – –

TALONS

Naudas pārveduma summa Ls_____
(cipariem)

Sūtītājs _____

_____

_____

_____
(rakstisks paziņojums)

Kur ir jūsu priekšniece?
Kas te notiek?

Kā viņš izskatās?
Ko viņš grib?

Ko jūs gribat?
Kāpēc jūs neatbildat?
Kam jūs sūtāt naudu?
Mammai ...
Lūdzu!

Ceļojumu birojā

Rūdis ir ceļojumu birojā. Cilvēki lasa reklāmu plakātus un bukletus.
– Uz kurieni gribat braukt?
– Es vēl nezinu. Es domāju.
– Lūdzu! Vai gribat braukt ar autobusu vai lidot ar lidmašīnu?
– Ar autobusu. Man patīk braukt ar autobusu.
– Ļoti interesanta ir ekskursija pa Itāliju. Četrpadsmit dienu un maksā 340 latu. Sešu dienu ekskursija pa Parīzi maksā 150 latu.
– Tas nav dārgi. Es gribu uz Parīzi!

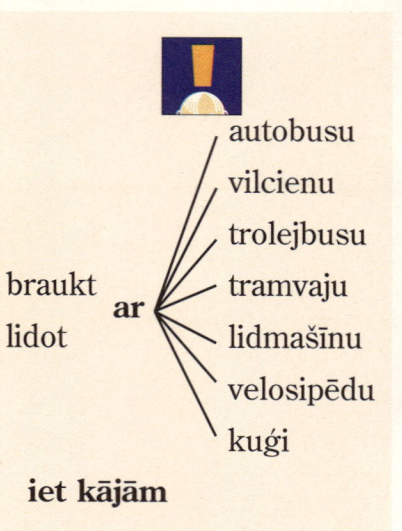

lidmašīna    vilciens

kuģis    autobuss

braukt   autobusu
lidot ar vilcienu
          trolejbusu
          tramvaju
          lidmašīnu
          velosipēdu
          kuģi

iet kājām

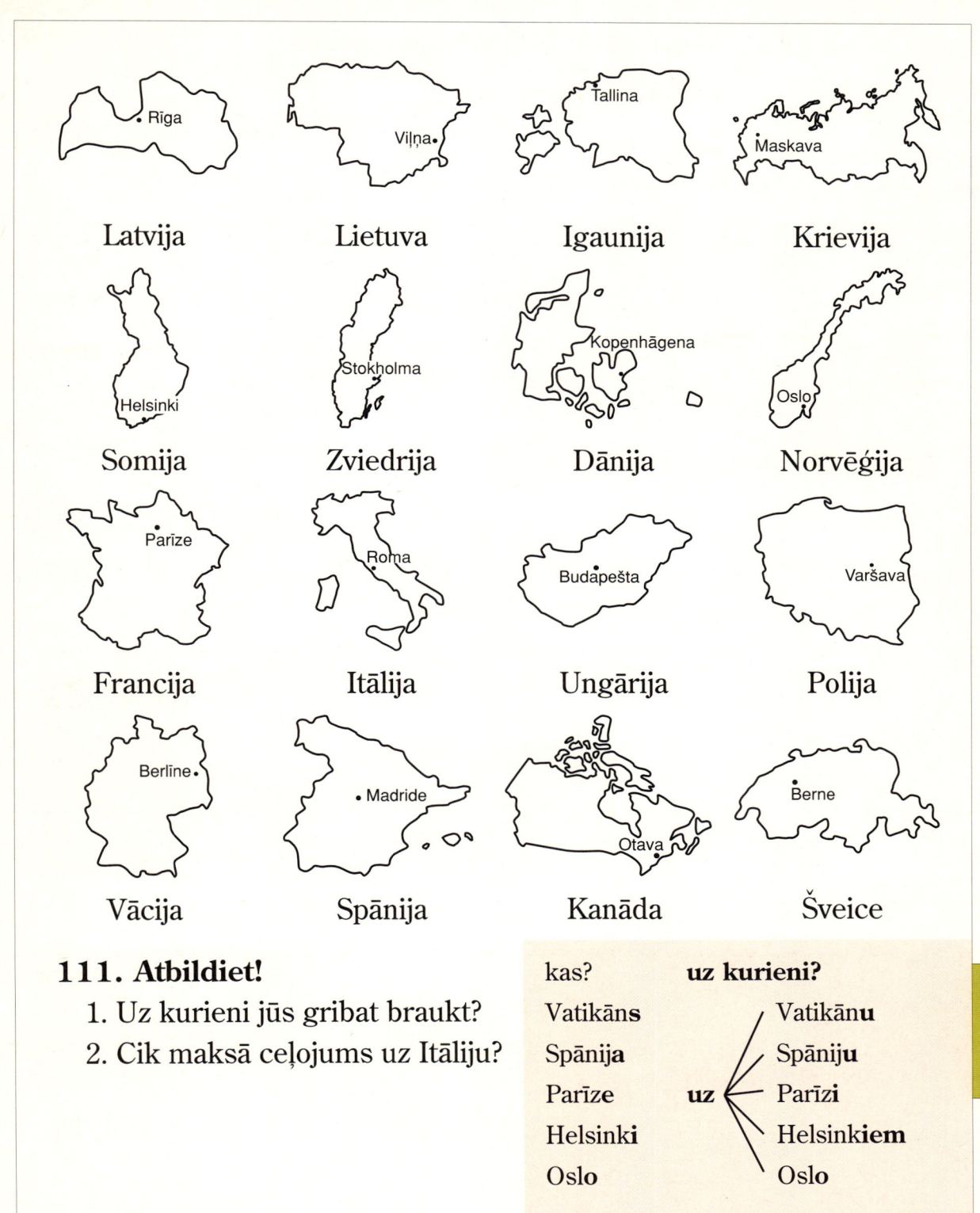

Latvija (Rīga)	Lietuva (Viļņa)	Igaunija (Tallina)	Krievija (Maskava)
Somija (Helsinki)	Zviedrija (Stokholma)	Dānija (Kopenhāgena)	Norvēģija (Oslo)
Francija (Parīze)	Itālija (Roma)	Ungārija (Budapešta)	Polija (Varšava)
Vācija (Berlīne)	Spānija (Madride)	Kanāda (Otava)	Šveice (Berne)

111. Atbildiet!
1. Uz kurieni jūs gribat braukt?
2. Cik maksā ceļojums uz Itāliju?

kas?		uz kurieni?
Vatikān**s**		Vatikān**u**
Spāni**ja**		Spāni**ju**
Parīz**e**	uz	Parīz**i**
Helsinki		Helsink**iem**
Oslo		Oslo

123

112. Lasiet ceļojumu piedāvājumus un atbildiet uz jautājumiem!

1. Uz kurieni jūs gribat braukt? Kāpēc (cena, laiks)?
2. Uz kurieni jūs negribat braukt? Kāpēc ne?

CEĻOJUMI AR LIDMAŠĪNU
Atpūtas un ceļojumu centrs

Nr.	Ceļojums	Maršruta apraksts	Naktsmītne	Laiks	Cena Ls
1.	Gambija	Gambijas galvaspilsēta Bandžula, iepazīšanās ar Āfrikas dabu, Gambijas nacionālais parks	** vai *** viesnīca	10 dienu aprīlī un decembrī	no 799
2.	Seišelu Salas	Eksotiskas salas Indijas okeānā	*** viesnīca	8 dienu ceļojums 12 dienu ceļojums jums izdevīgā laikā	no 1113 no 1405
3.	Japāna	Tokija, imperatora pils, templi, sumo cīņas, japāņu dārzi	** vai *** viesnīca	6 dienas jūlijā	no 842
4.	Filipīnas	Salu arhipelāgs Klusajā okeānā	*** viesnīca	16 dienu novembrī	no 899
5.	Maroka	Kasablanka ar tās slavenajiem arābu tirdziņiem, senās ķēniņu pilsētas Fesa, Marakeša	** vai ** viesnīca	7 dienas martā	no 720
6.	Florida (ASV)	Disnejlenda, NASA kosmiskais centrs, safari	** vai *** viesnīca	pēc pasūtījuma	no 649
7.	Meksika	Mehiko, senās indiāņu kultūras vietas	** vai *** viesnīca	pēc pasūtījuma	no 629
8.	Norvēģija	Slēpošana kalnos, ekskursija pa Oslo	kempingi	decembris – marts	no 206
9.	Izraēla	Jeruzaleme, Nāves jūra, Haifa, Betlēme, Nācarete	*** viesnīca ar puspansiju	marts, aprīlis, maijs, oktobris, novembris, decembris	no 500
10.	Parīze	5 vai 8 dienu programma	*** viesnīca	regulāri pēc pasūtījuma grupai un individuāli	no 299

CEĻOJUMI AR AUTOBUSU

Nr.	Ceļojums	Dienas	Cena Ls
1.	Latvija, Lietuva, Igaunija	2	20
2.	Prāga	6	69
3.	Budapešta – Vīne	6	86
4.	Budapešta – Zalcburga – Vīne	8	130
5.	Vīne un Venēcija	7	100
6.	Itālija	17	249
7.	Francija	10	185
8.	Parīze	8	129
9.	Spānija un Portugāle	19	305
10.	Londona	8	160
11.	Anglija, Skotija, Velsa	15	280
12.	Īrija	14	285
13.	Norvēģija	11	160

113. Papildiniet!

1. Ar ko ceļo ātri?
Ātri ceļo ar _____

2. Ar ko ceļo lēni?
Lēni ceļo ar _____

3. Ar ko jums patīk ceļot?
Man patīk ceļot ar _____

4. Ar ko jums nepatīk ceļot?
Man nepatīk ceļot ar _____

Dzimšanas diena

Profesora Kronīša meitai Ilzei ir dzimšanas diena. Viesi sveic Ilzi.
– Daudz laimes dzimšanas dienā! – Rūdis apsveic Ilzi.
Rūdis dāvina Ilzei aploksni.
– Kas tur iekšā? – jautā Ilze.
– Paskaties!
Aploksnē ir divas biļetes uz Parīzi.
Ilzei ir daudz dāvanu. Tēvs viņai uzdāvina ziepes, vecmāmiņa – kaklarotu, bet Fredis Kukainis – gleznu. Ilzei ir arī daudz apsveikumu un telegrammu.

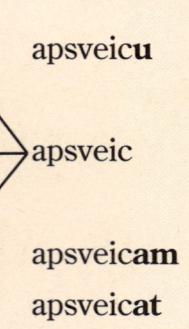

es	apsveic**u**
tu	
viņš	apsveic
viņa	
mēs	apsveic**am**
jūs	apsveic**at**
viņi	apsveic
viņas	

aploksne

kaklarota

Apsveicam dzimšanas dienā!
L. cien. skolotājai Ilzei Kronītei
Jūsu skolēni

Ilzīt!
Daudz laimes dzimšanas dienā!
Kalniņu ģimene

Ilzīt!
Esi laimīga un vesela!
Kaimiņi

Ilze!
Sirsnīgi sveicam jubilejā!
Kolēģi

114. Uzrakstiet apsveikumu savam draugam vai savai draudzenei!

– Labrīt!
– Vai te ir daudz zivju?
– Vakar bija maz. Šodien ir vēl mazāk. Nebūs zivju, nebūs naudas.
– Pesimists!

– Man nevajag daudz naudas. Man ir daudz draugu.
– Man ir vairāk. Man ir visvairāk!
– Optimiste!

115. Pastāstiet, kādi viņi ir!

Laika ziņas

spīd saule saulains	mākoņi mākoņains	pūš vējš vējains	līst lietains
snieg	silts laiks + 25 grādi	auksts laiks −25 grādi	zibens negaiss

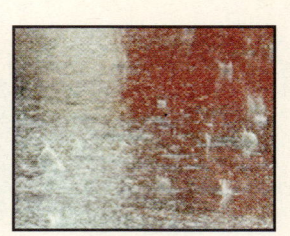

ziemeļu
austrumu
ziemeļaustrumu
rietumu } vējš
ziemeļrietumu
dienvidu
dienvidaustrumu
dienvidrietumu

vēja ātrums 9 metri sekundē

krusa, sniegs, lietus
nokrišņi

Šodien mākoņains laiks, vietām lietus, pūš dienvidaustrumu vējš 5—8 metri sekundē, gaisa temperatūra +21 − +24 grādi.

116. Ilze un Rūdis grib braukt uz Parīzi. Viņi lasa laika ziņas. Pastāstiet, kāds laiks ir Rīgā, Latvijā un Eiropā! Kāds laiks būs rīt, parīt?

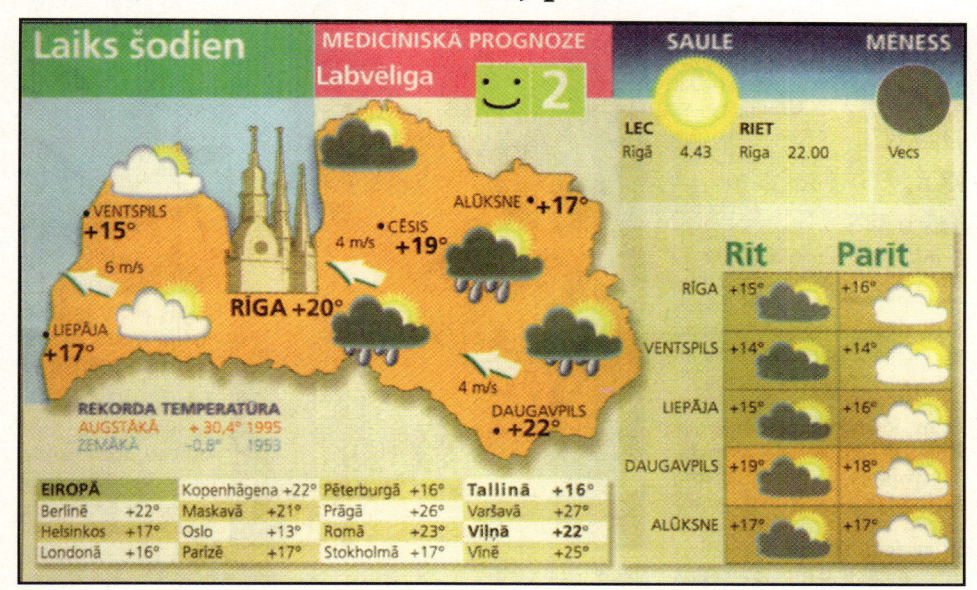

Medicīniskā prognoze
1. īpaši labvēlīga   3. nelabvēlīga
2. labvēlīga   4. īpaši nelabvēlīga

117. Pastāstiet, kāds laiks ir šodien! Kāds laiks bija vakar?

es biju	mēs bijām
tu biji	jūs bijāt
viņš ⟩ bija	viņi ⟩ bija
viņa	viņas

118. Atbildiet!
1. Kurā gadalaikā Rūdis bija Parīzē?
2. Kurā gadalaikā jums patīk ceļot?
3. Kurā gadalaikā jūs bijāt ekskursijā?
4. Kurā gadalaikā jums patīk Rīga?

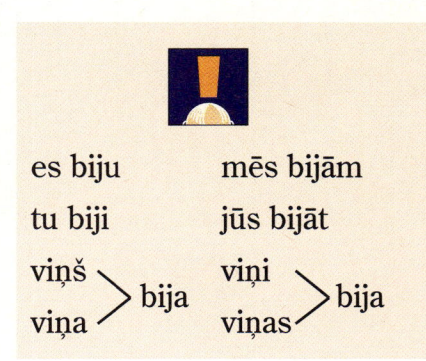

Vai mums patiks Rīga?
Mums patiks.

Vai tev patīk Rīga?
Man patīk.

Vai jums patika Rīga?
Mums patika.

Es teicu, ka jums patiks.
Es jums saku paldies.
Es jums teikšu –
ceļosim vēl ...

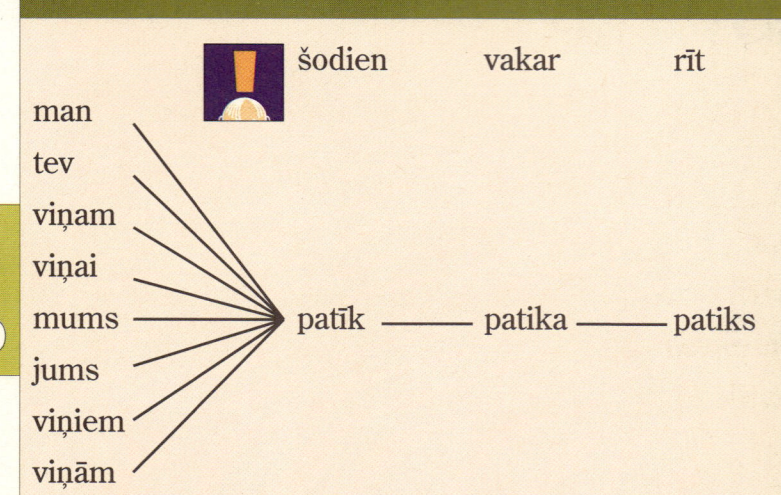

šodien vakar rīt

man
tev
viņam
viņai
mums   patīk ——— patika ——— patiks
jums
viņiem
viņām

130

Valsts				Runāt
Baltkrievija	baltkrievs	baltkrieviete	baltkrievi	baltkrieviski
Krievija	krievs	krieviete	krievi	krieviski
Somija	soms	somiete	somi	somiski
Zviedrija	zviedrs	zviedriete	zviedri	zviedriski
Ukraina	ukrainis	ukrainiete	ukraiņi	ukrainiski
Dānija	dānis	dāniete	dāņi	dāniski
Igaunija	igaunis	igauniete	igauņi	igauniski
Polija	polis	poliete	poļi	poliski
Norvēģija	norvēģis	norvēģiete	norvēģi	norvēģiski
Itālija	itālietis	itāliete	itālieši	itāliski
Latvija	latvietis	latviete	latvieši	latviski
Lietuva	lietuvietis	lietuviete	lietuvieši	lietuviski
Vācija	vācietis	vāciete	vācieši	vāciski
Francija	francūzis	francūziete	francūži	franciski

119. Turpiniet!

a) Krievijā runā krieviski.
   Itālijā _____
   Dānijā _____
   Latvijā _____

b) Vācieši runā vāciski.
   _____ poliski.
   _____ norvēģiski.
   _____ somiski.

c) Zviedri dzīvo Zviedrijā.
   Lietuvieši _____
   Ukraiņi _____
   Igauņi _____

120. Pastāstiet par attēliem!

PIELIKUMS
MINIGRAMATIKA

Vārdu šķiras – Части речи

1. Lietvārds	kas?	ārsts, šoferis, tirgus, stacija, aktrise, valsts
2. Īpašības vārds		
ar nenoteikto galotni	kāds?	gudrs, vecs, liels
	kāda?	maza, populāra, neliela
ar noteikto galotni	kāds?	gudrais, vecais, lielais
	kāda?	mazā, populārā, nelielā
	kurš?	
	kura?	
3. Vietniekvārds	kas?	tas, viņš, cits, tā, viņa, cita
4. Skaitļa vārds		
pamata	cik?	viens, divi, četri, viena, divas, četras
kārtas	kurš?	pirmais, otrais, trešais
	kura?	pirmā, otrā, trešā
5. Apstākļa vārds	kā? kur? kad? cik?	ātri, tur, rīt, daudz
6. Darbības vārds	ko darīt?	pirkt, dzīvot, lasīt, sarunāties, vēlēties
7. Prievārds		pie, ar, pa, līdz, aiz
8. Saiklis		un, bet, ka, lai
9. Partikulas		jā, nē, arī, tikai
10. Izsauksmes vārds		ak, ai

Lietvārds – Имя существительное

Lietvārdu locīšana

		👦			👧	
kas?	-s, -š ārsts, vējš	-is šoferis	-us tirgus	-a stacija	-e aktrise	-s valsts
kā? kam? ko? kur? kad?	-a -am -u -ā	*-a -im -i -ī	-us -um -u -ū	-as -ai -u -ā	-es -ei -i -ē	-s -ij -i -ī

		👦👦			👧👧	
kas?	-i ārsti, vēji	*-i šoferi	-i tirgi	-as stacijas	-es aktrises	-is valstis
kā? kam? ko? kur? kad?	-u -iem -us -os	*-u *-iem *-us *-os	-u -iem -us -os	-u -ām -as -ās	*-u -ēm -es -ēs	*-u -īm -is -īs

* līdzskaņu mija

s – š   ķirsis – ķirša; klase – klašu
t – š   latvietis – latvieša; biete – biešu
z – ž   nazis – naža; avīze – avīžu
d – ž   atbilde – atbilžu; sirds – siržu
c – č   māksliniece – mākslinieču

dz – dž	palodze – palodžu	
l – ļ	aprīlis – aprīļa; egle – egļu	
n – ņ	dārzenis – dārzeņa; avene – aveņu	
p – pj	skapis – skapja; sāpes – sāpju	
b – bj	krabis – krabja	
m – mj	laime – laimju	
v – vj	plikgalvis – plikgalvja; rīve – rīvju	
sn – šņ	aploksne – aplokšņu; krāsns – krāšņu	

Līdzskaņu mijas nav vārdos
mute, gāze, kaste, acs, auss, valsts, viesis.

kas?	viesis	viesi
kā?	viesa	viesu

Lietvārdu *akmens, asmens, rudens, ūdens, zibens, mēness* locīšana

kas?	rudens	rudeņi
kā?	rudens	rudeņu
kam?	rudenim	rudeņiem
ko?	rudeni	rudeņus
kad? kur?	rudenī	rudeņos

Lietvārda *suns* locīšana

kas?	suns	suņi
kā?	suņa	suņu
kam?	sunim	suņiem
ko?	suni	suņu
kur?	sunī	suņos

Uzrunas forma – Форма обращения

-s
dēls – dēls!
draugs – draugs!
Harijs – Harij!

-is
brālis – brāli!
Juris – Juri!
tētis – tēti! tēt!

-us
Mikus – Miku!
Ingus – Ingu!

-a
māsa – māsa! mās!
skolotāja – skolotāj!
Veronika – Veronik!

-e
saule – saule!
māte – māt!
Kristīne – Kristīn!

-s
sirds – sirds!
valsts – valsts!

Skaitļa vārdu, vietniekvārdu un īpašības vārdu saskaņošana ar lietvārdu – Согласование числительных, местоимений и прилагательных с существительными

kas?   viens mans labs draugs (nazis)
kā?   viena mana laba drauga (naža)
kam?   vienam manam labam draugam (nazim)
ko?   vienu manu labu draugu (nazi)
kur?   vienā manā labā draugā (nazī)

kas?	viena mana laba draudzene (māja)
kā?	vienas manas labas draudzenes (mājas)
kam?	vienai manai labai draudzenei (mājai)
ko?	vienu manu labu draudzeni (māju)
kur?	vienā manā labā draudzenē (mājā)

kas?	divi mani labi draugi (naži)
kā?	divu manu labu draugu (nažu)
kam?	diviem maniem labiem draugiem (nažiem)
ko?	divus manus labus draugus (nažus)
kur?	divos manos labos draugos (nažos)

kas?	divas manas labas draudzenes (mājas)
kā?	divu manu labu draudzeņu (māju)
kam?	divām manām labām draudzenēm (mājām)
ko?	divas manas labas draudzenes (mājas)
kur?	divās manās labās draudzenēs (mājās)

137

Īpašības vārds – Имя прилагательное

kas? dzeltens bumbieris   dzeltena aprikoze
zaļš bumbieris

kas? dzelteni bumbieri   dzeltenas aprikozes
zaļi bumbieri

Īpašības vārdu locīšana ar noteikto galotni

kas?	lielais	lielā	lielie	lielās
kā?	lielā	lielās	lielo	lielo
kam?	lielajam	lielajai	lielajiem	lielajām
ko?	lielo	lielo	lielos	lielās
kur?	lielajā	lielajā	lielajos	lielajās

Man ir mazs brālis un liela māsa.
Mans mazais brālis un mana lielā māsa vasarā dzīvo laukos.

Īpašības vārdu salīdzināmās pakāpes

vis-skaist-āk-ais
vis-skaist-āk-ā

skaist-āk-s
skaist-āk-a

skaist-s
skaist-a

Vietniekvārdi – Местоимения

es	viņš	viņa	viņi	viņas
tu	mans	mana	mani	manas
mēs	tavs	tava	tavi	tavas
jūs	šis	šī	šie	šīs
sevis	tas	tā	tie	tās
kas	šāds	šāda	šādi	šādas
kaut kas	tāds	tāda	tādi	tādas
	kurš	kura	kuri	kuras
	kāds	kāda	kādi	kādas
	cits	cita	citi	citas
	dažs	daža	daži	dažas
	katrs	katra		
	viss	visa	visi	visas
	pats	pati	paši	pašas

mūsu, jūsu, viņa, viņas, viņu

kas?	mūsu galds	viņa māja
kā?	mūsu galda	viņa mājas
kam?	mūsu galdam	viņa mājai

viņš, viņa, viņi, viņas, tas, tā, tie, tās

Klasē ienāca **Ilze**. **Viņa** bija priecīga.
Istabā bija **galds**. **Tas** ir ļoti liels.

Vietniekvārdu *es, tu, mēs, jūs, sevis* locīšana

kas?	es	tu	mēs	jūs	–
kā?	manis	tevis	mūsu	jūsu	sevis
kam?	man	tev	mums	jums	sev
ko?	mani	tevi	mūs	jūs	sevi
kur?	manī	tevī	mūsos	jūsos	sevī

Vietniekvārdu *pats, pati, paši, pašas* locīšana

kas?	pats	pati	paši	pašas
kā?	paša	pašas	pašu	pašu
kam?	pašam	pašai	pašiem	pašām
ko?	pašu	pašu	pašus	pašas
kur?	pašā	pašā	pašos	pašās

Vietniekvārdu *tas, tā, tie, tās* locīšana

kas?	tas	tā	tie	tās
kā?	tā	tās	to	to
kam?	tam	tai	tiem	tām
ko?	to	to	tos	tās
kur?	tajā	tajā	tajos	tajās

Vietniekvārdu *šis, šī, šie, šīs* locīšana

kas?	šis	šī	šie	šīs
kā?	šā	šās	šo	šo
kam?	šim	šai	šiem	šīm
ko?	šo	šo	šos	šīs
kur?	šajā	šajā	šajos	šajās

Skaitļa vārds – Имя числительое

1	viens gads		viena diena
2	divi gadi		divas dienas
3	trīs gadi		trīs dienas
4	četri gadi		četras dienas
5	pieci gadi		piecas dienas
6	seši gadi		sešas dienas
7	septiņi gadi		septiņas dienas
8	astoņi gadi		astoņas dienas
9	deviņi gadi		deviņas dienas
10	desmit	15	piecpadsmit
11	vienpadsmit	16	sešpadsmit
12	divpadsmit	17	septiņpadsmit
13	trīspadsmit	18	astoņpadsmit
14	četrpadsmit	19	deviņpadsmit
20	divdesmit	60	sešdesmit
30	trīsdesmit	70	septiņdesmit
40	četrdesmit	80	astoņdesmit
50	piecdesmit	90	deviņdesmit
100	simts (simt)	1000	tūkstotis (tūkstoš)
200	divi simti (divsimt)	2000	divi tūkstoši (divtūkstoš)
300	trīs simti (trīssimt)	3000	trīs tūkstoši (trīstūkstoš)
400	četri simti (četrsimt)	4000	četri tūkstoši (četrtūkstoš)
500	pieci simti (piecsimt)	5000	pieci tūkstoši (piectūkstoš)
600	seši simti (sešsimt)	6000	seši tūkstoši (seštūkstoš)
700	septiņi simti (septiņsimt)	7000	septiņi tūkstoši (septiņtūkstoš)
800	astoņi simti (astoņsimt)	8000	astoņi tūkstoši (astoņtūkstoš)
900	deviņi simti (deviņsimt)	9000	deviņi tūkstoši (deviņtūkstoš)

Skaitļa vārdu locīšana

	1		2, 4–9	
kas?	viens	viena	divi	divas
kā?	viena	vienas	divu	divu
kam?	vienam	vienai	diviem	divām
ko?	vienu	vienu	divus	divas
kur? kad?	vienā	vienā	divos	divās

	3	
kas?	trīs	trīs
kā?	triju	triju
kam?	trijiem	trijām
ko?	trīs	trīs
kur? kad?	trijos	trijās

	10, 11–19, 20–90, 100, 200–900, 1000
kas?	desmit (simt, tūkstoš) latu
ko?	desmit (simt, tūkstoš) latus

Cik ir pulkstenis?	Cikos?
viens	vienos
astoņi	astoņos
vienpadsmit	vienpadsmitos
divdesmit	divdesmitos

Kārtas skaitļa vārdi

1.	pirmais	pirmā
2.	otrais	otrā
3.	trešais	trešā
4.	ceturtais	ceturtā
5.	piektais	piektā
6.	sestais	sestā
7.	septītais	septītā
8.	astotais	astotā
9.	devītais	devītā
10.	desmitais	desmitā
11.	vienpadsmitais	vienpadsmitā
12.	divpadsmitais	divpadsmitā
19.	deviņpadsmitais	deviņpadsmitā
100.	simtais	simtā
200.	divsimtais	divsimtā

Ir tūkstoš deviņsimt deviņdesmit devītā gada divdesmit trešais aprīlis.

1.–20.

kas?	pirmais	pirmā	pirmie	pirmās
kā?	pirmā	pirmās	pirmo	pirmo
kam?	pirmajam	pirmajai	pirmajiem	pirmajām
ko?	pirmo	pirmo	pirmos	pirmās
kur? kad?	pirmajā	pirmajā	pirmajos	pirmajās

kas?	četrdesmit piektais	četrdesmit piektā
kā?	četrdesmit piektā	četrdesmit piektās
kam?	četrdesmit piektajam	četrdesmit piektajai
ko?	četrdesmit piekto	četrdesmit piekto
kur? kad?	četrdesmit piektajā	četrdesmit piektajā

Apstākļa vārds – Наречие
Apstākļa vārdu salīdzināmās pakāpes

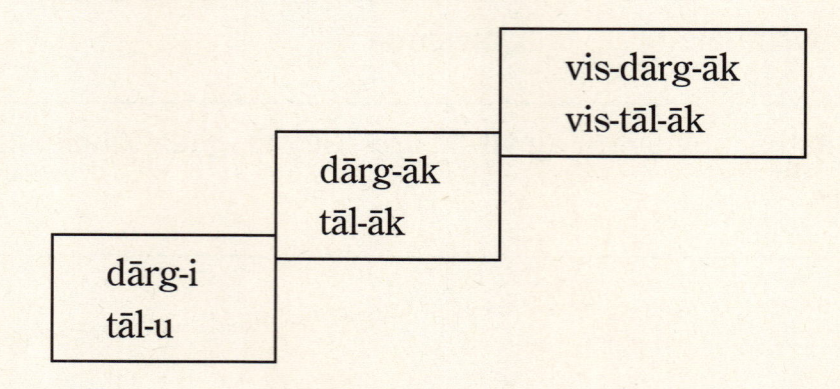

vis-dārg-āk
vis-tāl-āk

dārg-āk
tāl-āk

dārg-i
tāl-u

daudz – vairāk – visvairāk

Darbības vārds – Глагол

Darbības vārda *būt* locīšana

	Tagadne (šodien)	Pagātne (vakar)	Nākotne (rīt)
es	esmu (neesmu)	biju (nebiju)	būšu (nebūšu)
tu	esi (neesi)	biji (nebiji)	būsi (nebūsi)
viņš, viņa viņi, viņas	ir (nav)	bija (nebija)	būs (nebūs)
mēs	esam (neesam)	bijām (nebijām)	būsim (nebūsim)
jūs	esat (neesat)	bijāt (nebijāt)	būsit, būsiet (nebūsit, nebūsiet)

Darbības vārda *iet* locīšana

	Tagadne	Pagātne	Nākotne
es	eju	gāju	iešu
tu	ej	gāji	iesi
viņš, viņa viņi, viņas	iet	gāja	ies
mēs	ejam	gājām	iesim
jūs	ejat	gājāt	iesit, iesiet

Darbības vārda *dot* locīšana

	Tagadne	Pagātne	Nākotne
es	dodu	devu	došu
tu	dod	devi	dosi
viņš, viņa, viņi, viņas	dod	deva	dos
mēs	dodam	devām	dosim
jūs	dodat	devāt	dosit, dosiet

Darbības vārdu konjugācijas

	III	
* tikai zināt, dziedāt, raudāt	Darbības vārdiem pagātnē ir par vienu zilbi vairāk nekā tagadnē.	apzināties peldēties mācīties vizināties
apturēt lasīt aicināt	*-āt, -ēt, -īt, -ināt | -āties, -ēties, -īties, -ināties	

	II	
ārstēt dzīvot lidot meklēt domāt	Darbības vārdiem tagadnē un pagātnē ir vienāda "es" forma.	pastaigāties atvainoties draudzēties
	-āt, -ot, -ēt | -āties, -oties, -ēties	

	I	
pirkt aizliegt atbilst braukt ēst	Darbības vārdiem saknē ir viena zilbe.	atrasties steigties atpūsties
	-t | -ties	

Darbības vārdu locīšana

		-t, -ties	-āt, -ēt, -ot, -āties, -ēties, -oties	-īt, -ināt, -āt, -ēt, -īties, -ināties, -āties, -ēties
	Piemēri	pirkt iepirkties	domāt, zīmēt, dzīvot, pastaigāties, draudzēties, atvainoties	lasīt, aicināt, dziedāt, apturēt, klausīties, vizināties, apzināties, peldēties
	Persona	1. konj.	2. konj.	3. konj.
Tagadne	es tu viņš, viņa, viņi, viņas mēs jūs	-u -os -(i) -ies — -as -am -amies -at -aties	(āj, ēj, oj) -u -os (ā, ē, o) — -jies (ā, ē, o) — -jas (āj, ēj, oj)-am -amies (āj, ēj, oj) -at -aties	-u -os -i -ies -a/— -ās/-as -ām/-am -āmies/-amies -āt/-at -āties/-aties
Pagātne	es tu viņš, viņa, viņi, viņas mēs jūs	-u -os -i -ies -a -ās -ām -āmies -āt -āties	(āj, ēj, oj) -u -os (āj, ēj, oj) -i -ies (āj, ēj, oj) -a -ās (āj, ēj, oj)-ām -āmies (āj, ēj, oj) -āt -āties	(āj, ēj, īj) -u -os (āj, ēj, īj) -i -ies (āj, ēj, īj) -a -ās (āj, ēj, īj)-ām -āmies (āj, ēj, īj) -āt -āties
Nākotne	es tu viņš, viņa, viņi, viņas mēs jūs		(š) -u (s) -i (s) — (s) -im (s) -iet (-it)	(š) -os (s) -ies (s) -ies (s) -imies (s) -ieties (-ities)

Darbības vārdu galotnes tagadnē un pagātnē

	-t	-ties
es	-u	-os
tu	–/-i	-ies
viņš, viņa viņi, viņas	–/-a	-as/-ās
mēs	-am/-ām	-amies/-āmies
jūs	-at/-āt	-aties/-āties

Pavēles izteiksme – Повелительное наклонение

	strādāt		mācīties
tu	strādā – strādā!	tu	mācies – mācies!
jūs	strādājat – strādājiet!	jūs	mācāties – mācieties!

Prievārds – Предлог

Prievārdi	Locījums
aiz, bez, no, pēc, pie, pirms, virs, zem	kā?
līdz	kam?
ap, caur, gar, par, pār, pret, starp, ar	ko?
pa	kam? ko?
uz	kā? ko?
visi prievārdi	kam?

Latviešu-krievu vārdnīca
Латышско-русский словарь

Saīsinājumi – Условные сокращения

ak. – akuzatīvs (*ko?*) – винительный падеж
dat. – datīvs (*kam?*) – дательный падеж
ģen. – ģenitīvs (*kā?*) – родительный падеж
dsk. – daudzskaitlis – множественное число
lietv. – lietvārds – имя существительное
nelok. – nelokāms vārds – несклоняемое слово
parasti dsk. – parasti daudzskaitlī – обычно употребляется во множественном числе
s. – sieviešu dzimte – женский род
tikai dsk. – tikai daudzskaitlī – употребляется только во множественном числе
tikai 3. pers. – lieto tikai 3. personu – употребляется только в 3-ем лице
tikai vsk. – tikai vienskaitlī – употребляется только в единственном числе
vsk. – vienskaitlis – единственное число

в знач. сущ. – в значении существительного
см. – смотреть
сущ. – имя существительное

Latviešu alfabēts – Латышский алфавит

A a	G g	L l	S s
Ā ā	Ģ ģ	Ļ ļ	Š š
B b	H h	M m	T t
C c	I i	N n	U u
Č č	Ī ī	Ņ ņ	Ū ū
D d	J j	O o	V v
E e	K k	P p	Z z
Ē ē	Ķ ķ	R r	Ž ž
F f			

A

abi; abas óба; óбе
ābols я́блоко
abonen/ts *s.* **-te** *dsk. ģen.* **-šu** абонéнт
acs *s., vsk. ģen.* acs, *dsk. ģen.* acu глаз
acumirk/lis *vsk. ģen.* **-ļa** мгновéние
adresā/ts *s.* **-te** *dsk. ģen.* **-šu** адресáт
adre/se *dsk. ģen.* **-šu** áдрес
advokā/ts *s.* **-te** *dsk. ģen.* **-šu** адвокáт
agr/s, -a рáнний; -яя
aģentūra агéнтство
aicināt (aicina, aicināja) приглашáть
aiz (*ar ģen.*) за, позадú; aiz mājas за дóмом, позадú дóма
aiziet (aiziet, aizgāja) уйтú
aizkari *parasti dsk., vsk.* aizkars занавéски, занавéска; гардúны
aizliegt (aizliedz, aizliedza) запретúть-запрещáть
aizpildīt (aizpilda, aizpildīja) запóлнить-заполня́ть; aizpildiet anketu! заполнúте анкéту
akadēmija акадéмия
akmens *vsk. ģen.* akmens кáмень
aktieris актёр, артúст
aktri/se *dsk. ģen.* **-šu** актрúса, артúстка
albums альбóм
alerģija аллергúя
analī/ze *dsk. ģen.* **-žu** анáлиз
angīna ангúна
angliski по-англúйски
antrekots антрекóт
apaļ/š, -a кру́глый, -ая
apelsīns апельсúн
apendicīts аппендицúт
apkure отоплéние
apliecība удостоверéние
aplok/sne *dsk. ģen.* **-šņu** конвéрт
apmēram приблизúтельно, примéрно
apraksts описáние; dzīves apraksts жизнеописáние
apriko/ze *dsk. ģen.* **-žu** абрикóс
aprī/lis *vsk. ģen.* **-ļa** апрéль
apsveikt (apsveic, apsveica) поздрáвить-поздравля́ть
apsveikums поздравлéние
aptieka аптéка
apturēt (aptur, apturēja) остановúть-останáвливать
apzināties (apzinās, apzinājās) осознáть-осознавáть
ar (*ar ak.*) с; kafija ar pienu кóфе с молокóм; dzīvoklis ar ērtībām квартúра с удóбствами; braukt ar autobusu éхать-éздить автóбусом (на автóбусе); jāt ar zirgu éхать-éздить верхóм на лóшади; rakstīt ar zīmuli писáть карандашóм
ārā на у́лице, на дворé
arābie/te *dsk. ģen.* **-šu** арáбка
arābs арáб
arbūzs арбу́з
arhipelāgs архипелáг
arī тóже, тáкже
ar'labunakti! спокóйной нóчи!
ārstēt (ārstē, ārstēja) лечúть
ārsts; *s.* **ārste** *dsk. ģen.* ārstu врач
asmens *vsk. ģen.* asmens лéзвие
astoņdesmit вóсемьдесят
astoņ/i, -as вóсемь
astoņpadsmit восемнáдцать
astot/ais, -ā восьмóй, -áя
atbil/de *dsk. ģen.* **-žu** отвéт
atbildēt (atbild, atbildēja) отвéтить-отвечáть
atbilst (atbilst, atbilda) соотвéтствовать, отвечáть (*потрéбностям*)
atcerēties (atceras, atcerējās) вспóмнить-вспоминáть
atdot (atdod, atdeva) отдáть-отдавáть, вернýть-возвращáть
atkritumi *tikai dsk.* мýсор
atpūsties (atpūšas, atpūtās) отдохнýть-отдыхáть
atpūta óтдых
atrait/ne *dsk. ģen.* **-ņu** вдовá
atrait/nis *vsk. ģen.* **-ņa** вдовéц
atrast (atrod, atrada) найтú-находúть
atrasties (atrodas, atradās) находúться
ātri бы́стро
ātr/s, -a бы́стрый, -ая; скóрый, -ая
ātrums скóрость
atstāt (atstāj, atstāja) остáвить-оставля́ть
attēls изображéние; рисýнок, картúнка (*в кнúге*)
atvainoties (atvainojas, atvainojās) извинúться-извиня́ться

atvērt (atver, atvēra) откры́ть-открыва́ть
atvest (atved, atveda) привести́-приводи́ть; привезти́-привози́ть
atzīmēt (atzīmē, atzīmēja) отме́тить-отмеча́ть
augļi *parasti dsk., vsk.* auglis фру́кты
augst/s, -a высо́кий, -ая; augstākā izglītība вы́сшее образова́ние
augums рост
augusts а́вгуст
aukst/s, -a холо́дный, -ая
auss *s., vsk. ģen.* auss, *dsk. ģen.* ausu у́хо
austrumi *tikai dsk.* восто́к
autobuss авто́бус
autoelektriķ/is; *s.* -e автоэле́ктрик
automašīna автомаши́на
automobi/lis *vsk. ģen.* -ļa автомоби́ль
autopārvadājumi *tikai dsk.* автомоби́льные перево́зки
autoremonts ремо́нт автомоби́лей
autoserviss автосе́рвис
autovadītāj/s; *s.* -a води́тель автомаши́ны
avārija ава́рия
ave/ne *dsk. ģen.* -ņu мали́на
avī/ze *dsk. ģen.* -žu газе́та

B

bagāt/s, -a бога́тый, -ая
baldriāns валериа́на; baldriāna tinktūra насто́йка валериа́ны
balerīna балери́на
balkons балко́н
baltkrievie/ te *dsk. ģen.* -šu белору́ска
baltkrieviski по-белору́сски
baltkrievs белору́с
baltmaize *parasti vsk.* бе́лый хлеб
balt/s, -a бе́лый, -ая
balva награ́да; приз
balzamī/ne *dsk. ģen.* -ņu бальзами́н
balzams бальза́м
banāns бана́н
banka банк
bankrots банкро́тство
bārs бар
baseins бассе́йн
bēdīg/s, -a печа́льный, -ая

bērns ребёнок
bet а; но
bez (*ar ģen.*) без; tēja bez cukura чай без са́хара
bezdarbnie/ce *dsk. ģen.* -ču безрабо́тная
bezdarbnieks безрабо́тный
bezmiegs бессо́нница
bibliotēka библиоте́ка
bie/te *dsk. ģen.* -šu свёкла
biezpiens творо́г
biez/s, -a густо́й, -а́я; то́лстый, -ая (*о пло́ских предме́тах*)
bifšteks бифште́кс
biļe/te *dsk. ģen.* -šu биле́т
biogrāfija биогра́фия
biolo/gs; *s.* -ģe био́лог
bioloģija биоло́гия
birojs бюро́
blond/s, -a белоку́рый, -ая, светловоло́сый, -ая
blū/ze *dsk. ģen.* -žu блу́зка
boršči борщ
brālēns двою́родный брат
brā/lis *vsk. ģen.* -ļa брат
braukt (brauc, brauca) е́хать
bri/lles *tikai dsk., ģen.* -ļļu очки́
brīvi свобо́дно
brīv/s, -a свобо́дный, -ая
broka/stis *tikai dsk., ģen.* -stu за́втрак
brokastot (brokasto, brokastoja) за́втракать
bronhīts бронхи́т
brūn/s, -a кори́чневый, -ая
būda хи́жина, лачу́га; бу́дка
bufe/te *dsk. ģen.* -šu буфе́т
buklets букле́т
buljons бульо́н
bumbieris гру́ша (*плод*)
burkāns морко́вь
būt быть; име́ть; es esmu Ilze я И́лзе; viņi ir draugi они́ друзья́; vai jums ir laiks? есть ли у вас вре́мя?

C

celis *vsk. ģen.* ceļa коле́но
ceļojums путеше́ствие
cena цена́

151

centrāl/s, -a центра́льный, -ая
centrs центр
cepumi *parasti dsk., vsk.* cepums пече́нье
ceturtdiena четве́рг
cienījam/s, -a уважа́емый, -ая
cienīt (ciena, cienīja) уважа́ть
ciest (cieš, cieta) страда́ть; терпе́ть-потерпе́ть (*неуда́чу, пораже́ние*); пострада́ть viņš ir cietis nelaimes gadījumā он пострада́л при несча́стном слу́чае
cietis *см.* **ciest**
ciet/s, -a твёрдый, -ая
cietusi *см.* **ciest**
cietusī пострада́вшая, потерпе́вшая
cietušais пострада́вший, потерпе́вший
cigare/te *dsk. ģen.* -šu сигаре́та
cik ско́лько; cik ir pulkstenis? кото́рый час? ско́лько сейча́с вре́мени?; cik maksā kafija? ско́лько сто́ит ко́фе?
cikos в кото́ром часу́, во ско́лько; cikos jūs brokastojat? во ско́лько вы за́втракаете?
cilvēks челове́к
cīņa борьба́
cirks цирк
citrons лимо́н
cits; cita друго́й, -а́я; ино́й, -а́я
citur в друго́м ме́сте
cukurs *tikai vsk.* са́хар
cukurtrauks са́харница

Č

čempio/ns; *s.* **-ne** *dsk. ģen.* -ņu чемпио́н
četrdesmit со́рок
četr/i, -as четы́ре
četristabu: četristabu dzīvoklis четырёхко́мнатная кварти́ра
četrpadsmit четы́рнадцать
četrreiz четы́ре ра́за; четы́режды; četrreiz dienā четы́ре ра́за в день

D

daba приро́да
dakšiņa ви́лка

daļa часть
daļēj/s, -a части́чный, -ая; ar daļējām ērtībām с части́чными удо́бствами
dānie/te *dsk. ģen.* -šu датча́нка
dānis датча́нин
dāniski по-да́тски
darbs рабо́та
dārgi до́рого
dārg/s, -a дорого́й, -а́я; дорогостоя́щий, -ая
darīt (dara, darīja) де́лать
dārzeņi *parasti dsk., vsk.* dārzenis о́вощи
dārzs сад; огоро́д
dati *tikai dsk.* да́нные
dators компью́тер
datums число́; да́та
daudz мно́го; man nav daudz naudas у меня́ нет мно́го де́нег; man ir daudz draugu у меня́ мно́го друзе́й
dāvana пода́рок
dāvināt (dāvina, dāvināja) дари́ть
decembris дека́брь
dedzināt (dedzina, dedzināja) жечь; сжига́ть; dedzināt ugunskuru разводи́ть, жечь костёр
degt (deg, dega) горе́ть
deguns нос
dejot (dejo, dejoja) танцева́ть
dēls сын
deputā/ts; *s.* **-te** *dsk. ģen.* -šu депута́т
desa колбаса́
deserts десе́рт
desmit де́сять
deviņdesmit девяно́сто
deviņi де́вять
deviņpadsmit девятна́дцать
deviņsimt девятьсо́т
dežurante *dsk. ģen.* -šu дежу́рная
dežurants дежу́рный
diagnostika диагно́стика; funkcionālās diagnostikas nodaļa отделе́ние функциона́льной диагно́стики
dialogs диало́г
diemžēl к сожале́нию
diena день
dienests слу́жба**

dienvidaustrumi *tikai dsk.* юго-восто́к; dienvidaustrumu vējš юго-восто́чный ве́тер
dienvidi *tikai dsk.* юг
dienvidrietumi *tikai dsk.* юго-за́пад
diploms дипло́м
direktor/s; *s.* **-e** дире́ктор
dispečer/s; *s.* **-e** диспе́тчер
dīvāns дива́н
divar'pus два с полови́ной
divdesmit два́дцать
div/i, -as два; две
divistabu: divistabu dzīvoklis двухко́мнатная кварти́ра
divpadsmit двена́дцать
divreiz два́жды, два ра́за; divreiz dienā два ра́за в день
dīze/lis *vsk. ģen.* **-ļa** ди́зель
dokuments докуме́нт
domāt (domā, domāja) ду́мать; мы́слить
dot (dod, deva) дать-дава́ть
draudze/ne *dsk. ģen.* **-ņu** подру́га
draudzēties (draudzējas, draudzējās) дружи́ть
draugs друг
drīkstēt (drīkst, drīkstēja) сметь; име́ть пра́во; vai drīkst? мо́жно?
drīz ско́ро
dur/vis *tikai dsk., ģen.* **-vju** дверь, две́ри
dusmīg/s, -a серди́тый, -ая
dūša: slikta dūša тошнота́
dzelten/s, -a жёлтый, -ая
dzēriens напи́ток
dzert (dzer, dzēra) пить
dzērve/ne *dsk. ģen.* **-ņu** клю́ква
dziedāt (dzied, dziedāja) петь
dzimšana рожде́ние; dzimšanas diena день рожде́ния; daudz laimes dzimšanas dienā! с днём рожде́ния!
dzimt (dzimst, dzima) роди́ться-рожда́ться
dzimta род; семе́йство
dzīvnieks живо́тное
dzīvojam/s, -a жило́й, -а́я; dzīvojamā māja жило́й дом
dzīvok/lis *vsk. ģen.* **-ļa** кварти́ра
dzīvot (dzīvo, dzīvoja) жить
džemperis дже́мпер

E

ēdamistaba столо́вая (ко́мната)
ēdienkar/te *dsk. ģen.* **-šu** меню́
ēdiens еда́; блю́до
egle *dsk. ģen.* **egļu** ель, ёлка
ekonomi/sts; *s.* **-ste** *dsk. ģen.* **-stu** экономи́ст
eksāmens экза́мен
eksotisk/s, -a экзоти́ческий, -ая
ekspedīcija экспеди́ция
elegant/s, -a элега́нтный, -ая
elektrība электри́чество
elektriķ/is; *s.* **-e** эле́ктрик
elektrotīkls электросе́ть
elko/nis *vsk. ģen.* **-ņa** ло́коть
elpot (elpo, elpoja) дыша́ть
enerģisk/s, -a энерги́чный, -ая
ērkšķogas *parasti dsk., vsk.* **ērkšķoga** крыжо́вник (я́годы)
ērtības *parasti dsk., vsk.* **ērtība** удо́бства
ērt/s, -a удо́бный, -ая
es я
ēst (ēd, ēda) есть, ку́шать
ēšana еда́

F

fakultā/te *dsk. ģen.* **-šu** факульте́т
farmacei/ts; *s.* **-te** *dsk. ģen.* **-šu** фармаце́вт
februāris февра́ль
filharmonija филармо́ния
filma фильм, кинокарти́на; плёнка, фотоплёнка
filolo/gs; *s.* **-ģe** фило́лог
filtrs фильтр
firma фи́рма
fizisk/s, -a физи́ческий, -ая; fiziskā audzināšana физи́ческое воспита́ние
fore/le *dsk. ģen.* **-ļu** форе́ль
fotografēt (fotografē, fotografēja) фотографи́ровать
fotogrāfija фотогра́фия
fotogrāf/s; *s.* **-e** фото́граф
fotokartī/te *dsk. ģen.* **-šu** фотока́рточка
fotorobots фоторо́бот
franciski по-францу́зски

francūzie/te *dsk. ģen.* -šu француженка
francū/zis *vsk. ģen.* -ža француз
frikade/le *dsk. ģen.* -ļu фрикадель

G

gabaliņš кусочек
gadalaiks время года
gads год
gaidīt (gaida, gaidīja) ждать, ожидать
gaiss воздух
gaiš/s, -a светлый, -ая
galds стол
galerija галерея
galva голова
galvaspilsēta столица
galvassā/pes *tikai dsk., ģen.* -pju головная боль
galven/ais, -ā главный, -ая
gaļa *tikai vsk.* мясо
garantija гарантия
garāža гараж
gar/š, -a длинный, -ая; высокий, -ая (о человеке)
garšīg/s, -a вкусный, -ая
garšot (garšo, garšoja) быть по вкусу, нравиться
gatav/s, -a готовый, -ая; зрелый, -ая, спелый, -ая
gau/me *dsk. ģen.* -mju вкус; laba gaume хороший вкус
gāze *dsk. ģen.* gāzu газ
glā/ze *dsk. ģen.* -žu стакан
glezna картина
gleznotāj/s; *s.* -a художник, живописец
godāt (godā, godāja) уважать, почитать
godāt/ais, -ā уважаемый, -ая
grādi *parasti dsk., vsk.* grāds градусы
grāmata книга
grams грамм
graudi *parasti dsk., vsk.* grauds зерно; graudu maize хлеб из муки грубого помола
gribēt (grib, gribēja) хотеть
grīda пол
gripa грипп
grupa группа

gudr/s, -a умный, -ая
gulēt (guļ, gulēja) спать; лежать
gulta кровать
guļamistaba спальня
gurķis огурец

Ģ

ģime/ne *dsk. ģen.* -ņu семья
ģitāra гитара

H

hallo! алло!
hipertonija гипертония
hobijs хобби
hokejist/s; *s.* -e хоккеист

I

iebraukt (iebrauc, iebrauca) въехать-въезжать
iecirk/nis *vsk. ģen.* -ņa участок
iedomīg/s, -a высокомерный, -ая
iegaren/s, -a продолговатый, -ая
iegaumēt (iegaumē, iegaumēja) запомнить-запоминать
ieiet (ieiet, iegāja) войти-входить; зайти-заходить
iekšā внутри; внутрь; iekšā! заходи (-те)!
iela улица
iemaņas *parasti dsk., vsk.* iemaņa навыки
ienākt (ienāk, ienāca) войти-входить; зайти-заходить
iepazīšanās знакомство
iepazīties (iepazīstas, iepazinās) познакомиться-знакомиться; prieks iepazīties! рад(-а) познакомиться!
ierakstīt (ieraksta, ierakstīja) вписать-вписывать; записать-записывать
iesnas *tikai dsk.* насморк
iesniegums заявление
iet (iet, gāja) идти-ходить; iet kājām идти (ходить) пешком; kā tev iet? как дела?

ieteikt (iesaka, ieteica) посоветовать
igaunie/te *dsk. ģen.* -šu эстонка
igau/nis *vsk. ģen.* -ņa эстонец
igauniski по-эстонски
imperators император
indiānie/te *dsk. ģen.* -šu индианка
indiā/nis *vsk. ģen.* -ņa индеец
individuāli индивидуально
infarkts инфаркт
informācija информация
inspektor/s; *s.* -e инспектор
institūts институт
insults инсульт
interesant/s, -a интересный, -ая
interesēt (interesē, interesēja) интересовать
intervija интервью
inženier/is; *s.* -e инженер
īpaši особенно
īpaš/s, -a особый, -ая
īss, īsa короткий, -ая
istaba комната
itālie/te *dsk. ģen.* -šu итальянка
itālie/tis *vsk. ģen.* -ša итальянец
itāliski по-итальянски
izdevīg/s, -a выгодный, -ая
izglītība образование
izīrēt (izīrē, izīrēja) сдать-сдавать внаём
izlabot (izlabo, izlaboja) исправить
izlaidums выпуск *(учащихся)*
izlasīt (izlasa, izlasīja) прочитать
izliet/ne *dsk. ģen.* -ņu раковина *(для стока воды)*
izņemt (izņem, izņēma) вынуть-вынимать
izremontēt (izremontē, izremontēja) отремонтировать
izskatīties (izskatās, izskatījās) выглядеть; tu labi izskaties ты хорошо выглядишь

J

ja если; если бы
jā да
jahtklubs яхт-клуб
janvāris январь
jāņogas *parasti dsk., vsk.* jāņoga смородина *(ягоды)*
japānie/te *dsk. ģen.* -šu японка
japā/nis *vsk. ģen.* -ņa японец
jāt (jāj, jāja) ехать-ездить верхом
jaun/s, -a молодой, -ая; новый, -ая
jautājums вопрос
jautāt (jautā, jautāja) спросить-спрашивать
jogurts йогурт
jubileja юбилей
jūlijs июль
jūnijs июнь
jūra море
juridisk/s, -a юридический, -ая
jurist/s; *s.* -e юрист
jūs вы
jūsu ваш

K

ka что
kā как
kabinets кабинет
kad когда
kāds; kāda какой; какая; kādas valodas jūs protat? какие языки вы знаете?
kafejnīca кафе
kafija кофе; kafijas kanna кофейник
kaimiņie/ne *dsk. ģen.* -ņu соседка
kaimiņš сосед
kaitēt (kaiš, kaitēja): kas jums kaiš? что с вами?
kāja нога; iet kājām идти-ходить пешком
kaklarota ожерелье
kakls шея
kaķis кошка
kalns гора
kāpēc почему; зачем
kāp/nes *dsk. ģen.* -ņu лестница
kapsula капсула
karbonā/de *dsk. ģen.* -žu отбивная котлета *(натуральная)*, карбонад
kardioloģija кардиология; kardioloģijas nodaļa кардиологическое отделение
karo/te *dsk. ģen.* -šu ложка

kārtība *tikai vsk.* поря́док
kartupeļi *parasti dsk., vsk.* kartupe/lis *gen.* -ļa картофель
kas кто; что kas tu esi? кто ты?
kasier/is; *s.* -e касси́р
kaste *dsk. gen.* kastu я́щик
katedrā/le *dsk. gen.* -ļu собо́р
katls котёл
kautrīg/s, -a засте́нчивый, -ая, ро́бкий, -ая, скро́мный, -ая
kazino *nelok.* казино́
kefīrs кефи́р
kēkss кекс
kempings ке́мпинг
kilograms килогра́мм
kino *nelok.* кино́
kinoteātris кинотеа́тр
kiosks кио́ск
kivi *nelok.* ки́ви
kla/se *dsk. gen.* -šu класс
klāt : nākt klāt подходи́ть
klausīties (klausās, klausījās) слу́шать
klep/us *tikai vsk., gen.* -us ка́шель
klib/s, -a хромо́й, -а́я
klien/ts; *s.* -te *dsk. gen.* -šu клие́нт
kliņģeris кре́ндель
klubs клуб
ko что; кого
koks де́рево
kolēģ/is; *s.* -e колле́га
kolektīvs коллекти́в
kompresors компре́ссор
komunikabl/s, -a коммуника́бельный, -ая
konditoreja конди́терская
konditor/s; *s.* -e конди́тер
konfek/te *dsk. gen.* -šu конфе́та
konjaks конья́к
konkurss ко́нкурс
konservi консе́рвы; konservu kārba консе́рвная ба́нка
konstruktor/s; *s.* -e констру́ктор
konsultācija консульта́ция
konsultan/ts; *s.* -te *dsk. gen.* -šu консульта́нт
konts счёт
kopēšana копи́рование, копиро́вка
kopija ко́пия

koridors коридо́р
kosmisk/s, -a косми́ческий, -ая
kostīms костю́м (же́нский)
kotle/te *dsk. gen.* -šu котле́та
kra/bis *vsk. gen.* -bja краб
krājbanka сберега́тельный банк
krājka/se *dsk. gen.* -šu сберега́тельная ка́сса
krā/sns *s., vsk. gen.* -sns, *dsk. gen.* -šņu печь, пе́чка
krava груз
krējums смета́на; salds krējums сли́вки
krēms крем
krēsls стул
krievie/te *dsk. gen.* -šu ру́сская
krieviski по-ру́сски
krievs ру́сский
kritiķ/is; *s.* -e кри́тик
krūms куст
krusa *tikai vsk.* град
krū/tis *s., parasti dsk., gen.* -šu, *vsk.* krūts, *gen.* -ts грудь
krū/ze *vsk. gen.* -žu кру́жка
kuģis кора́бль
kulinārija кулинари́я
kultūra культу́ра
kun/dze *dsk. gen.* -džu госпожа́
kungs господи́н
kur где; куда́; kur tu strādā? где ты рабо́таешь?; kur tu iesi? куда́ ты пойдёшь?
kursi *parasti dsk., vsk.* kurss ку́рсы
kurš; kura кото́рый; кото́рая
kvī/ts *s., vsk. gen.* -ts, *dsk. gen.* -šu квита́нция

Ķ

ķēniņš коро́ль; князь; прави́тель
ķerme/nis *vsk. gen.* -ņa те́ло
ķert (ķer, ķēra) лови́ть; хвата́ть
ķir/bis *vsk. gen.* -bja ты́ква
ķirši *parasti dsk., vsk. gen.* ķirsis ви́шня (де́рево и я́года)
ķirur/gs; *s.* -ģe хиру́рг
ķirurģija хирурги́я; ķirurģijas nodaļa хирурги́ческое отделе́ние
ķīse/lis *vsk. gen.* -ļa кисе́ль

L

lab'dien! до́брый день!
labi хорошо́
labiekārtot/s, -a благоустро́енный, -ая; labiekārtots dzīvoklis благоустро́енная кварти́ра
laboratorija лаборато́рия
lab'rīt! до́брое у́тро!
lab/s, -a хоро́ший, -ая
lab'vakar! до́брый ве́чер!
labvēlīg/s, -a доброжела́тельный, -ая
lai пусть, пуска́й; что́бы
laiks вре́мя; пого́да
lai/me *dsk. ģen.* -mju сча́стье; daudz laimes dzimšanas dienā! с днём рожде́ния!
laimēt (laimē, laimēja) вы́играть-вы́игрывать
laimīg/s, -a счастли́вый, -ая
laipn/s, -a любе́зный, -ая
lampa ла́мпа
lasīt (lasa, lasīja) чита́ть
lats лат *(де́нежная едини́ца)*
latvie/te *dsk. ģen.* -šu латы́шка
latvie/tis *vsk. ģen.* -ša латы́ш
latviski по-латы́шски
launags по́лдник
lauzt (lauž, lauza) лома́ть
ledusska/pis *vsk. ģen.* -pja холоди́льник
leikoplasts лейкопла́стырь
lejā вниз; внизу́
lekcija ле́кция
lēni ме́дленно
lēn/s, -a ме́дленный, -ая
lēti дёшево
lēt/s, -a дешёвый, -ая
lidmašīna самолёт
lidot (lido, lidoja) лете́ть-лета́ть
līdz *(ar dat.)* до; kā nokļūt līdz muzejam? как пройти́ к музе́ю?
liel/s, -a большо́й, -а́я
lietain/s, -a дождли́вый, -ая
lietot (lieto, lietoja) употреби́ть-употребля́ть
liet/us *parasti vsk., ģen.* -us дождь
lietuvie/te *dsk. ģen.* -šu лито́вка
lietuvie/tis *vsk. ģen.* -ša лито́вец
lietuviski по-лито́вски
lifts лифт
līk/s, -a криво́й; līkas kājas кривы́е но́ги
liķieris ликёр
līme/nis *vsk. ģen.* -ņa у́ровень
limonāde лимона́д
līt (līst, lija) *tikai 3. pers.* лить, ли́ться; ārā līst на у́лице идёт дождь
literatūra литерату́ра
lodziņš око́шко
logs окно́
loki *parasti dsk., vsk.* loks зелёный лук
lūdzu! пожа́луйста!; man, lūdzu, limonādi! мне лимона́д, пожа́луйста!
lūgt (lūdz, lūdza) проси́ть
luksofors светофо́р
lūpas *parasti dsk., vsk.* lūpa гу́бы
lustra лю́стра

Ļ

ļoti о́чень

M

mācīt (māca, mācīja) учи́ть; преподава́ть
mācīties (mācās, mācījās) учи́ться; занима́ться
magnetofons магнитофо́н
maijs май
maisiņš мешо́чек
maize *parasti vsk.* хлеб; maizes kaste хле́бница
māja дом
majonē/ze *dsk. ģen.* -žu майоне́з
māko/nis *vsk. ģen.* -ņa о́блако
mākoņain/s, -a о́блачный, -ая
maksāt (maksā, maksāja) плати́ть; сто́ить
mākslinie/ks; *s.* -ce *dsk. ģen.* -ču худо́жник
makšķernie/ks; *s.* -ce *dsk. ģen* -ču рыболо́в
malka *tikai vsk.* дрова́; malkas apkure печно́е отопле́ние
mamma ма́ма
mandarīns мандари́н
mans; mana мой; моя́
mar/le *dsk. ģen.* -ļu ма́рля
maršruts маршру́т

marts март
māsa сестра́
māsīca двою́родная сестра́
mašīna маши́на
māte *dsk. ģen.* māšu мать
matemātika матема́тика
mati *parasti dsk., vsk.* mats во́лосы
maz ма́ло; maz naudas ма́ло де́нег
mazdēls внук
mazmeita вну́чка
maz/s, -a ма́ленький, -ая
mēbe/les *dsk. ģen.* -ļu ме́бель
medicīna медици́на
medicīnisk/s, -a медици́нский, -ая
medmāsa медсестра́
med/us *tikai vsk., ģen.* -us мёд
mehāniķ/is; *s.* -e меха́ник
meistar/s; *s.* -e ма́стер
meita дочь
meklēt (meklē, meklēja) иска́ть
mēle *dsk. ģen.* mēļu язы́к
melle/nes *parasti dsk., ģen.* -ņu, *vsk.* mellene черни́ка
meln/s, -a чёрный, -ая
menedžer/is; *s.* -e ме́неджер
mēne/sis *vsk. ģen.* -ša ме́сяц
mēness *vsk. ģen.* mēness луна́
mersedess мерседе́с
mēs мы
metrs метр
miegazā/les *tikai dsk., ģen.* -ļu снотво́рное
miegs сон
mikroautobuss микроавто́бус
mikroviļņu: mikroviļņu krāsns микроволно́вая печь
mikseris ми́ксер
mīkst/s, -a мя́гкий, -ая
mikstūra миксту́ра
minerālūde/ns *vsk. ģen.* -ns, *dsk. ģen.* -ņu минера́льная вода́
mīnus ми́нус; pieci mīnus trīs пять ми́нус три
minū/te *dsk. ģen.* -šu мину́та
morgs морг
motors мото́р
mugura спина́
mūsu наш
mute *dsk. ģen.* mutu рот
muzejs музе́й
mūzika му́зыка
muzikan/ts; *s.* -te *dsk. ģen.* -šu музыка́нт (*напр., игра́ющий в орке́стре*)
mūziķ/is; *s.* -e музыка́нт (*занима́ющийся му́зыкой как иску́сством*)

N

nabadzīg/s, -a бе́дный, -ая, ни́щий, -ая
nabags бедня́к; ни́щий
nacionāl/s, -a национа́льный, -ая
nākt (nāk, nāca) идти́; приходи́ть-прийти́
nak/ts *s., vsk. ģen.* -ts, *dsk. ģen.* -šu ночь
naktsmīt/ne *dsk. ģen.* -ņu ночле́г (*ме́сто для ночёвки*)
nauda *tikai vsk.* де́ньги
nazis *vsk. ģen.* naža нож
ne ни; нет; ne man, ne tev nav naudas ни у меня́, ни у тебя́ нет де́нег
ne- не- nesteigties не спеши́ть
nē нет Vai viņš ir slims? - Nē! Он бо́лен? - Нет!
nebūt не быть; не име́ть; es neesmu skolotājs я не учи́тель; man nav naudas у меня́ нет де́нег
nedarboties (nedarbojas, nedarbojās) не рабо́тать, быть в неиспра́вности
nedēļa неде́ля
negaiss гроза́
negatav/s, -a негото́вый, -ая; незре́лый, -ая, неспе́лый, -ая
neglīt/s, -a некраси́вый, -ая
ne'kāds; ne'kāda никако́й; никака́я
ne'kas ничто́, никто́
ne'kur нигде́; никуда́
nelabvēlīg/s, -a недоброжела́тельный, -ая; неблагоприя́тный, -ая
nelaimīg/s, -a несча́стный, -ая, несчастли́вый, -ая
neprecējies нежена́тый, холосто́й
neprecējusies незаму́жняя
nervozēt (nervozē, nervozēja) не́рвничать
nervoz/s, -a не́рвный, -ая
nest (nes, nesa) нести́-носи́ть
nodaļa отде́л; отделе́ние; глава́ (*в кни́ге*)

nodarbināt (nodarbina, nodarbināja) заня́ть-занима́ть (*чем*); обеспе́чить рабо́той
nodarbinātība за́нятость; nodarbinātības dienests слу́жба за́нятости
noguldījums вклад (*напр., в сберка́ссе*)
noguldīt (nogulda, noguldīja) положи́ть, помести́ть (*напр., в сберка́ссу*)
nokļūt (nokļūst, nokļuva) попа́сть, добра́ться, очути́ться
nokrišņi *tikai dsk.* (атмосфе́рные) оса́дки
noķert (noķer, noķēra) пойма́ть
nopirkt (nopērk, nopirka) купи́ть
normāl/s, -a норма́льный, -ая
norvēģie/te *dsk. ģen.* -šu норве́жка
norvēģis норве́жец
norvēģiski по-норве́жски
nosūtīt (nosūta, nosūtīja) посла́ть-посыла́ть
notikt (notiek, notika) случи́ться-случа́ться; произойти́
novembris ноя́брь
nulle *dsk. ģen.* nuļļu ноль
numurs но́мер

Ņ

ņaudēt (ņaud, ņaudēja) мя́укать
ņemt (ņem, ņēma) брать-взять

O

obligāt/s, -a обяза́тельный, -ая
odekolons одеколо́н
ofician/te *dsk. ģen.* -šu официа́нтка
oficiants официа́нт
oga я́года
oktobris октя́брь
ola яйцо́
omle/te *dsk. ģen.* -šu омле́т
onku/lis *vsk. ģen.* -ļa дя́дя
opera о́пера
operācija опера́ция; operāciju zāle операцио́нная
optimi/ste *dsk. ģen.* -stu оптими́стка
optimists оптими́ст
oranž/s, -a ора́нжевый, -ая
organizator/s; *s.* -e организа́тор
oriģināls *lietv.* оригина́л
oriģināl/s, -a оригина́льный, -ая
osteohondro/ze *dsk. ģen.* -žu остеохондро́з
otr/ais, -ā второ́й, -ая
otrdiena вто́рник
ovāl/s, -a ова́льный, -ая

P

pa (*ar dat., ak.*) по; pa kreisi нале́во; ekskursija pa Itāliju экску́рсия по Ита́лии; pa vienai tabletei по одно́й табле́тке
paaugstināt/s, -a повы́шенный, -ая; paaugstināta temperatūra повы́шенная температу́ра
pabalsts посо́бие
pacien/te *dsk. ģen.* -šu пацие́нтка
pacients пацие́нт
paciņa паке́тик
padomāt (padomā, padomāja) поду́мать
padot (padod, padeva) пода́ть-подава́ть
pagaidīt (pagaida, pagaidīja) подожда́ть
paka паке́т; посы́лка
paklājs ковёр
palāta пала́та
pal'dies! спаси́бо
palīdzēt (palīdz, palīdzēja) помо́чь-помога́ть
palīdzība по́мощь; ātrā medicīniskā palīdzība ско́рая медици́нская по́мощь
palīgā! на по́мощь!
palo/dze *dsk. ģen.* -džu подоко́нник
pamatot (pamato, pamatoja) обоснова́ть-обосно́вывать
pamats основа́ние; осно́ва
panna сковорода́
papildināt (papildina, papildināja) допо́лнить-дополня́ть
papildu: papildu izglītība дополни́тельное образова́ние
par (*ar ak.*) о, обо; runāt par mākslu говори́ть об иску́сстве; strādāt par sekretāri рабо́тать секрета́ршей; par vēlu сли́шком по́здно; par ko tu strādāsi? кем ты бу́дешь рабо́тать?
parādīt (parāda, parādīja) показа́ть-пока́зывать

parakstīties (parakstās, parakstījās) подписа́ться-подпи́сываться; расписа́ться
paraksts по́дпись
paraugs образе́ц; приме́р
pārdevēj/s; *s.* -a продаве́ц
pārdot (pārdod, pārdeva) прода́ть-продава́ть
pareizi пра́вильно
parīt послеза́втра
parks парк
parlaments парла́мент
pārskaitīt (pārskaita, pārskaitīja) пересчита́ть-пересчи́тывать; перечи́слить-перечисля́ть; pārskaitīt naudu пересчита́ть де́ньги; перечи́слить де́ньги
parunāt (parunā, parunāja) поговори́ть; побесе́довать
pārvaldīt (pārvalda, pārvaldīja) управля́ть; владе́ть
pārvedums перево́д (*почто́вый и т.п.*)
pasažier/is; *s.* -e пассажи́р
paskatīties (paskatās, paskatījās) посмотре́ть; взгляну́ть
pasniegt (pasniedz, pasniedza) пода́ть подава́ть; поднести́; дава́ть (*уро́ки*); преподава́ть
pastaigāties (pastaigājas, pastaigājās) гуля́ть-погуля́ть; пройти́сь
pastāstīt (pastāsta, pastāstīja) рассказа́ть-расска́зывать
pasts по́чта
pasūtījums зака́з
pat да́же
pateikt (pasaka, pateica) сказа́ть
patīkami прия́тно; ļoti patīkami! о́чень прия́тно
patīkam/s, -a прия́тный, -ая
patikt (patīk, patika) нра́виться; vai jums patīk? вам нра́вится?
pavār/s; *s.* -e по́вар
pavasaris весна́
pavēle прика́з; pavēles izteiksme повели́тельное наклоне́ние
pazemināt/s, -a пони́женный, -ая; сни́женный, -ая; pazemināta temperatūra пони́женная температу́ра
pazī/me *dsk. ģen.* -mju при́знак; приме́та

pazudis *см.* **pazust**
pazudusi *см.* **pazust**
pazust (pazūd, pazuda) пропа́сть-пропада́ть; исче́знуть; потеря́ться; ir pazudis suns пропа́ла соба́ка; ir pazudusi soma поте́ряна су́мка
pēc (ar ģen.) по́сле; че́рез; спустя́; за; pēc ēšanas по́сле еды́; pēc tam по́сле того́
pēda ступня́; стопа́
peldēties (peldas, peldējās) купа́ться
pelēk/s, -a се́рый, -ая
pensionār/s; *s.* -e пенсионе́р
persona лицо́; ли́чность
personīg/s, -a ли́чный, -ая
pesimist/s; *s.* -e пессими́ст
pie (ar ģen.) у; к; pie sienas ir fotogrāfijas на стене́ вися́т фотогра́фии; galds ir pie loga стол нахо́дится у окна́; brauksim pie Ilzes! пое́дем к И́лзе!
piecdesmit пятьдеся́т
piec/i, -as пять
piecistabu: piecistabu dzīvoklis пятико́мнатная кварти́ра
piecpadsmit пятна́дцать
piedāvājums предложе́ние
piedāvāt (piedāvā, piedāvāja) предложи́ть-предлага́ть
pieklājīg/s, -a прили́чный, -ая; ве́жливый, -ая
piektdiena пя́тница
piens молоко́
pieņemt (pieņem, pieņēma) приня́ть-принима́ть
piere лоб
pieredze *tikai vsk.* о́пыт
piezvanīt (piezvana, piezvanīja) позвони́ть
pikant/s, -a пика́нтный, -ая
piliens ка́пля
pils *s., vsk. ģen.* pils, *dsk. ģen.* piļu дворе́ц; за́мок
pilsēta го́род
pīrādziņš пирожо́к
pirksts па́лец
pirkt (pērk, pirka) покупа́ть
pirmdiena понеде́льник
pirms до; пе́ред; pirms ēšanas до еды́
pisto/le *dsk. ģen.* -ļu пистоле́т

plakāts плака́т
plāksteris пла́стырь
plāns *lietv.* план
plān/s, -a то́нкий, -ая
plat/s, -a широ́кий, -ая
plauksta ладо́нь
plaukts по́лка
plecs плечо́
plikgal/vis *vsk. ģen.* -vja лы́сый *в знач. сущ. (о челове́ке)*
plī/ts *s., vsk. ģen.* -ts, *dsk. ģen.* -šu плита́ *(ку́хонная)*
plūkt (plūc, plūca) рвать, срыва́ть; **plūkt puķes** рвать цветы́
plū/me *dsk. ģen.* -mju сли́ва *(плод и де́рево)*
plus плюс
pļāpīg/s, -a болтли́вый, -ая
pods горшо́к
policija поли́ция
policist/s; *s.* **-e** полице́йский
poliklīnika поликли́ника
polie/te *dsk. ģen.* -šu по́лька
polis *vsk. ģen.* poļa поля́к
poliski по-по́льски
polivitamīni *tikai dsk.* поливитами́ны
porcija по́рция
portrets портре́т
prast (prot, prata) уме́ть, знать
pre/ce *dsk. ģen.* -ču това́р
precējies жена́тый; **es esmu precējies** я жена́т; **es neesmu precējies** я нежена́т
precējusies заму́жняя; **es esmu precējusies** я за́мужем; **es neesmu precējusies** я неза́мужем
pret (*ar ak.*) про́тив; **zāles pret klepu** лека́рство про́тив (от) ка́шля
preziden/ts; *s.* **-te** *dsk. ģen.* -šu президе́нт
priecīg/s, -a ра́достный, -ая
prieks ра́дость
priekšnie/ks; *s.* **-ce** *dsk. ģen.* -ču нача́льник
privatizēt (privatizē, privatizēja) приватизи́ровать
procedūra процеду́ра

progno/ze *dsk. ģen.* -žu прогно́з
programma програ́мма
prom прочь; **iet prom** уходи́ть
protams коне́чно, разуме́ется
pudiņš пу́динг
puķe цвето́к
pulksten: pulksten astoņos в во́семь ч
pulkste/nis *vsk. ģen.* -ņa часы́
pulss пу́льс
pus- полови́на-; пол-; **pus'astoņi** полови́на восьмо́го; **puskilograms** полкило́; **pus'otrs** полтора́
pusdienas *tikai dsk.* обе́д
pusdienot (pusdieno, pusdienoja) обе́
puse *dsk. ģen.* pušu полови́на
pūst (pūš, pūta) дуть
putns пти́ца

R

rabarbers ре́вень
radi *tikai dsk.* ро́дственники
radikulīts радикули́т
radio *nelok.* ра́дио
rādīt (rāda, rādīja) пока́зывать
rajons райо́н
rakstīt (raksta, rakstīja) писа́ть
raksturot (raksturo, raksturoja) характеризова́ть
raudāt (raud, raudāja) пла́кать
re! вот! вон!
recep/te *dsk. ģen.* -šu реце́пт
redīss реди́с; реди́ска
redzam/s, -a ви́дный, -ая; ви́димый
redzēt (redz, redzēja) ви́деть
regulāri регуля́рно
reģionāl/s, -a региона́льный, -ая
rei/ze *dsk. ģen.* -žu раз
reklāma рекла́ма
rēķināt (rēķina, rēķināja) счита́ть *(производи́ть счёт)*
rēķins счёт
remontēt (remontē, remontēja) ремонти́ровать

rentgens рентге́н; **rentgena kabinets** рентге́новский кабине́т
resn/s, -a то́лстый, -ая
restorāns рестора́н
rezultāts результа́т
rietumi *tikai dsk.* за́пад
rīsi *parasti dsk., vsk.* **rīss** рис
rīts у́тро
rīve *dsk. ģen.* **rīvju** тёрка
roka рука́
romšteks ромште́кс
rozā *nelok.* ро́зовый, -ая
rude/ns *vsk. ģen.* **-ns,** *dsk. ģen.* **-ņu** о́сень
runāt (runā, runāja) говори́ть
rupjmaize *parasti vsk.* чёрный (ржано́й) хлеб

S

sacīt (saka, sacīja) сказа́ть-говори́ть
sadegt (sadeg, sadega) сгоре́ть-сгора́ть
sala о́стров
salāti *tikai dsk.* сала́т
saldējums моро́женое
sald/s, -a сла́дкий, -ая
saldskābmaize *parasti vsk.* ки́сло-сла́дкий хлеб
saldumi *tikai dsk.* сла́дости
salīdzināt (salīdzina, salīdzināja) сравни́ть-сра́внивать; сопоста́вить-сопоставля́ть; **salīdzināmās pakāpes** сте́пени сравне́ния
salt (salst, sala) мёрзнуть
salve/te *dsk. ģen.* **-šu** салфе́тка
sanitār/s; *s.* **-e** санита́р; санита́рка
santehniķ/is; *s.* **-e** санте́хник
santīms санти́м
saņemt (saņem, saņema) получи́ть-получа́ть
sāpes *parasti dsk., ģen.* **sāpju** боль
sāpēt (sāp, sāpēja) боле́ть; **man sāp** мне бо́льно; **man sāp kakls** у меня́ боли́т го́рло
sapņot (sapņo, sapņoja) ви́деть во сне; мечта́ть
saprast (saprot, saprata) поня́ть-понима́ть
saraksts спи́сок; расписа́ние
sar/gs; *s.* **-dze** сто́рож

sarkan/s, -a кра́сный, -ая
sarunvaloda разгово́рный язы́к
sasist (sasit, sasita) разби́ть-разбива́ть
satikšanās встре́ча; свида́ние
saturs содержа́ние
saukt (sauc, sauca) звать; **Kā jūs sauc? Mani sauc Nora.** Как вас зову́т? Меня́ зову́т Нора.
saulain/s, -a со́лнечный, -ая
sau/le *dsk. ģen.* **-ļu** со́лнце
savs; sava свой; своя́
sēdēt (sēž, sēdēja) сиде́ть
seja лицо́
sekcija се́кция
sekretār/s; *s.* **-e** секрета́рь
sen/s, -a стари́нный, -ая; дре́вний, -яя
septembris сентя́брь
septiņdesmit се́мьдесят
septiņdesmit/ais, -ā семидеся́тый, -ая
septiņ/i, -as семь
septiņpadsmit семна́дцать
sērkociņi *parasti dsk., vsk.* **sērkociņš** спи́чки
sertifikāts сертифика́т
sestdiena суббо́та
sēsties (sēžas, sēdās) сесть-сади́ться
sešdesmit шестьдеся́т
sešdesmit/ais, -ā шестидеся́тый, -ая
seš/i, -as шесть
sešpadsmit шестна́дцать
sētnieks; *s.* **-ce** *dsk. ģen.* **-ču** дво́рник
siena стена́
siers сыр
sieva жена́
sievasmā/te *dsk. ģen.* **-šu** тёща
sievastēvs тесть
sievie/te *dsk. ģen.* **-šu** же́нщина
silt/s, -a тёплый, -ая
simpātisk/s, -a симпати́чный, -ая
simt *nelok.* сто; **simt piecdesmit** сто пятьдеся́т
simts сто; со́тня
sīpols лу́ковица
sir/ds *s., vsk. ģen.* **-ds,** *dsk. ģen.* **-žu** се́рдце
sirdssā/pes *tikai dsk., ģen.* **-pju** го́ре, тоска́
sirsnīgi серде́чно
sirsnīg/s, -a серде́чный, -ая
skaidr/s, -a я́сный, -ая; я́вный, -ая; **skaidra nauda** нали́чные

skaist/s, -a красивый, -ая
ska/pis *vsk. ģen.* **-pja** шкаф
skatīties (skatās, skatījās) смотреть
skola школа
skolēns ученик
skolotāja учительница
skolotājs учитель
skop/s, -a скупой, -ая
skriet (skrien, skrēja) бежать-бегать
skropstas *parasti dsk., vsk.* skropsta ресницы
skūpstīt (skūpsta, skūpstīja) целовать
slaid/s, -a стройный, -ая; slaidas kājas стройные ноги
slaven/s, -a знаменитый, -ая
slēpošana ходьба (бег) на лыжах
slikti плохо
slikt/s, -a плохой, -ая; man ir slikta dūša меня тошнит
slimnīca больница
slimnie/ce *dsk. ģen.* **-ču** больная *сущ.*
slimnieks больной *сущ.*
slim/s, -a больной, -ая
sludinājums объявление
smēķēt (smēķē, smēķēja) курить
sniegs снег
snigt (snieg, sniga) *tikai 3. pers.* снежить, идти (*о снеге*); snieg идёт снег
sods наказание; штраф
somie/te *dsk. ģen.* **-šu** финка
somiski по-фински
soms финн
spēlēt (spēlē, spēlēja) играть; spēlēt vijoli играть на скрипке
speciāli/sts; *s.* **-ste** *dsk. ģen.* **-stu** специалист
spīdēt (spīd, spīdēja) светить; светиться
spogu/lis *vsk. ģen.* **-ļa** зеркало
sporti/ste *dsk. ģen.* **-stu** спортсменка
sportists спортсмен
stacija станция; вокзал
stadions стадион
stāstīt (stāsta, stāstīja) рассказывать
stāvēt (stāv, stāvēja) стоять
stāvlampa торшер
stāvok/lis *vsk. ģen.* **-ļa** положение; состояние
stāvs *lietv.* этаж; devītais stāvs девятый этаж
stāv/s, -a крутой, -ая; stāvs krasts крутой берег

stāžs стаж
steigties (steidzas, steidzās) спешить, торопиться
strādāt (strādā, strādāja) работать; трудиться
strādnie/ce *dsk. ģen.* **-ču** работница
strādnieks рабочий
studija студия
stunda час; урок
sula сок
sulīg/s, -a сочный, -ая
summa сумма
sumo *nelok.* сумо (*вид борьбы*)
suns *vsk. ģen.* **suņa** собака
sūtīt (sūta, sūtīja) посылать; отправлять
sūtītāj/s; *s.* **-a** отправитель
svai/nis *vsk. ģen.* **-ņa** шурин (*брат жены*); деверь (*брат мужа*); зять (*муж сестры*)
sveiki! здравствуй! здравствуйте!
sveiks! здравствуй!
sveikt (sveic, sveica) приветствовать
svētdiena воскресенье
sviests *tikai vsk.* масло (*сливочное*)

Š

šampinjoni *parasti dsk., vsk.* šampinjons шампиньоны
šampūns шампунь
šaur/s, -a узкий, -ая; тесный, -ая
šefpavār/s; *s.* **-e** шеф-повар
šeit здесь; тут
šis; šī этот; эта
šķīries разведён
šķīrusies разведена
šķī/vis *vsk. ģen.* **-vja** тарелка
šnice/le *dsk. ģen.* **-ļu** шницель
šodien сегодня
šofer/is; *s.* **-e** шофёр
šokolā/de *dsk. ģen.* **-žu** шоколад

T

tā та;
table/te *dsk. ģen.* **-šu** таблетка

tad тогда́
tāds; tāda тако́й; така́я
tāfe/le *dsk. ģen.* -ļu доска́ *(кла́ссная)*
tagad тепе́рь; сейча́с
taisni пря́мо; ejiet taisni līdz bankai! иди́те пря́мо до ба́нка
taisn/s, -a прямо́й, -а́я
taksometrs такси́
talantīg/s, -a тала́нтливый, -ая
tālru/nis *vsk. ģen.* -ņa телефо́н
tan/te *dsk. ģen.* -šu тётя
tas; tā тот; та
tavs; tava твой; твоя́
te здесь, тут
teātris теа́тр
tehnika те́хника
tehnisk/s, -a техни́ческий, -ая
teikums предложе́ние
tēja чай
tējkanna ча́йник
tējkaro/te *dsk. ģen.* -šu ча́йная ло́жка
teksts текст
telefons телефо́н
telegrāfs телегра́ф
telegramma телегра́мма
televīzija телеви́дение
televizors телеви́зор
temperatūra температу́ра
temp/lis *vsk. ģen.* -ļa храм
teniss те́ннис
terapei/ts; *s.* **-te** *dsk. ģen.* -šu терапе́вт
terapija терапи́я; terapijas nodaļa терапевти́ческое отделе́ние
termometrs термо́метр
tetovējums татуиро́вка
tēvs оте́ц
tiev/s, -a то́нкий, -ая; худо́й, -а́я
tikko едва́; то́лько, то́лько что
tinktūra насто́йка
tirdziņš база́р
tirdzniecība торго́вля; tirdzniecības menedžeris ме́неджер по торго́вле
tirg/us *parasti vsk., ģen.* -us ры́нок; база́р
tomāts помидо́р
torte *dsk. ģen.* -tu *vai* -šu торт
tramvajs трамва́й
transports тра́нспорт
trauma тра́вма

trīs три
trīsdesmit три́дцать
trīsistabu: trīsistabu dzīvoklis трёхко́мнатная кварти́ра
trīspadsmit трина́дцать
trīsreiz три ра́за; три́жды; trīsreiz dienā три ра́за в день
trolejbuss тролле́йбус
tu ты
tuale/te *dsk. ģen.* -šu туале́т
tuberkulo/ze *parasti vsk., dsk. ģen.* -žu туберкулёз
tūkstoš *nelok.* ты́сяча
tūlīt сейча́с, то́тчас; сра́зу
tumš/s, -a тёмный, -ая
tur там
tūrisms тури́зм
tūri/sts; *s.* **-ste** *dsk. ģen.* -stu тури́ст
turpināt (turpina, turpināja) продолжа́ть-продо́лжить

U

ūdens *vsk. ģen.* ūdens вода́
ugunsdzēsēj/s; *s.* **-a** пожа́рник
ugunskurs костёр
ukrainie/te *dsk. ģen.* -šu украи́нка
ukrai/nis *vsk. ģen.* -ņa украи́нец
ukrainiski по-украи́нски
un и
universitā/te *dsk. ģen.* -šu университе́т
upe *dsk. ģen.* upju река́
upe/nes *parasti dsk., ģen.* -ņu, *vsk.* upene чёрная сморо́дина *(я́годы)*
uroloģija уроло́гия
ūsas *parasti dsk., vsk.* ūsa усы́
uz (*ar ģen., ak.*) на; в; viņi brauc uz staciju они́ е́дут на вокза́л; aizej uz veikalu! сходи́ в магази́н; uz priekšu вперёд; uz kurieni? куда́?; uz grīdas ir paklājs на полу́ ковёр
uz redzēšanos! до свида́ния!
uza/cis *s., parasti dsk., ģen.* -cu, *vsk.* -cs бро́ви
uzbrukt (uzbrūk, uzbruka) напа́сть-напада́ть
uzdāvināt (uzdāvina, uzdāvināja) подари́ть
uzgaidīt (uzgaida, uzgaidīja) подожда́ть

uzņemšana приём; **uzņemšanas nodaļa** приёмное отделение
uzrakstīt (uzraksta, uzrakstīja) написа́ть
uzruna обраще́ние
uztraukties (uztraucas, uztraucās) волнова́ться; беспоко́иться
uzvārds фами́лия
uzzīmēt (uzzīmē, uzzīmēja) нарисова́ть
uzziņas спра́вки

V

vācie/te *dsk. ģen.* -šu не́мка
vācie/tis *vsk. ģen.* -ša не́мец
vāciski по-неме́цки
vadīt (vada, vadīja) руководи́ть; управля́ть, пра́вить
vadītāj/s *s.* -a руководи́тель; води́тель
vai ли; ли́бо, и́ли; **vai jums ir kafija?** есть ли у вас ко́фе?; **jums kafiju vai tēju?** вам ко́фе или чай?
vaigs щека́
vajadzēt (vajaga, vajadzēja) *tikai 3. pers.* тре́боваться; быть ну́жным, быть необходи́мым
vakar вчера́
vakariņas *tikai dsk.* у́жин
vakariņot (vakariņo, vakariņoja) у́жинать
vakars ве́чер
valoda язы́к; **franču valoda** францу́зский язы́к; **itāliešu valoda** италья́нский язы́к
vals/ts *s., vsk. ģen.* -ts, *dsk. ģen.* -tu страна́; госуда́рство
vaniļa вани́ль
vanna ва́нна
vannasistaba ва́нная (ко́мната)
var'būt мо́жет быть, возмо́жно
vārdnīca слова́рь
vārds сло́во
varēt (var, varēja) мочь
variants вариа́нт
vārīt (vāra, vārīja) вари́ть
vasara ле́то
vate *tikai vsk.* ва́та
vāze *dsk. ģen.* vāžu ва́за
vecaistēvs *vsk. ģen.* vecātēva, **vectētiņš** де́душка

vecāmāte *vsk. ģen.* vecāsmātes, *dsk. ģen.* vecomāšu, **vecmāmiņa** ба́бушка
vec/s, -a ста́рый, -ая
vedekla неве́стка,сноха́
vēders живо́т
veidlapa бланк; **aizpildiet veidlapu!** запо́лните бланк!
veidot (veido, veidoja) образова́ть; создава́ть
veikals магази́н
vējain/s, -a ве́треный, -ая
vējš ве́тер
vēl ещё
vēlēties (vēlas, vēlējās) жела́ть; **ko jūs vēlaties?** что вы жела́ете?, что вам уго́дно?
velosipēds велосипе́д
vērot (vēro, vēroja) наблюда́ть
vesel/s, -a здоро́вый, -ая; це́лый, -ая
vidēj/ais, -ā сре́дний, -яя; **vidējā izglītība** сре́днее образова́ние
vidusskola сре́дняя шко́ла
vienistabas: **vienistabas dzīvoklis** однокóмнатная кварти́ра
vienmēr всегда́
vienpadsmit оди́ннадцать
vienreiz (оди́н) раз
vien/s, -a оди́н; одна́
vie/si *parasti dsk., ģen.* -su, *vsk.* -sis, *ģen.* -sa го́сти
viesistaba гости́ная
viesnīca гости́ница
vieta ме́сто
vietām кое-где́, места́ми
vijo/le *dsk. ģen.* -ļu скри́пка
vilciens по́езд
vīnogas *parasti dsk., vsk.* **vīnoga** виногра́д
viņš; viņa он; она́
violet/s, -a фиоле́товый, -ая
vīramā/te *dsk. ģen.* -šu свекро́вь
vīratēvs свёкор
vīrie/tis *vsk. ģen.* -ša мужчи́на
vīrs муж
virtu/ve *dsk. ģen.* -vju ку́хня
viss весь; **visu labu!** всего́ хоро́шего (до́брого)!
vista ку́рица
vitamīns витами́н

165

vizināties (vizinās, vizinājās) кататься
vizītkar/te *dsk. ģen.* -šu визитная карточка

Z

zag/lis *vsk. ģen.* -ļa вор
zāle *dsk. ģen.* zāļu зал; operāciju zāle операционная
zāles *tikai dsk., ģen.* zāļu лекарство
zaļ/š, -a зелёный, -ая
zem (*ar ģen.*) под; Tedis ir zem krēsla Тедис под стулом
zeme/ne *dsk. ģen.* -ņu клубника; земляника
zem/s, -a низкий, -ая
zēns мальчик
zibe/ns *vsk. ģen.* -ns, *dsk. ģen.* -ņu молния
ziema зима
ziemeļaustrumi *tikai dsk.* северо-восток
ziemeļi *tikai dsk.* север
ziemeļrietumi *tikai dsk.* северо-запад
zie/pes *dsk. ģen.* -pju мыло
zil/s, -a синий, -яя
zīmējums рисунок
zīmēšana рисование
zīmēt (zīmē, zīmēja) рисовать
zīmu/lis *vsk. ģen.* -ļa карандаш
zināšanas *tikai dsk.* знания
zināt (zina, zināja) знать
ziņa известие, сообщение; laika ziņas прогноз погоды
zirgs лошадь; конь
zivs *s., vsk. ģen.* zivs, *dsk. ģen.* zivju рыба
znots зять
zobs зуб; zobu pasta зубная паста
zods подбородок
zupa суп
zvanīt (zvana, zvanīja) звонить
zviedrie/te *dsk. ģen.* -šu шведка
zviedriski по-шведски
zviedrs швед

Ž

žalūzijas *tikai dsk.* жалюзи
žurnāli/sts; *s.* **-ste** *dsk. ģen.* -stu журналист; журналистка
žurnāls журнал

ATBILDES

2. 1.–4. sauc

3. 2. Vai viņš *ir* Andrejs? Jā, viņš *ir* Andrejs.
3. Vai jūs *esat* Rūdis un Erna? Nē, mēs *neesam* Rūdis un Erna.
4. Vai viņa *ir* Jana? Nē, viņa *nav* Jana.

5. a) teātrī, tirgū, kafejnīcā, baseinā, universitātē
b) Es esmu operā. Tu *esi* bankā.
Viņš *ir* baseinā. Mēs *esam* skolā.
Vai jūs *esat* birojā? Nē, mēs *esam* klubā.
Vai tu *esi* mašīnā? Es *esmu* autobusā.
Vai mēs *esam* studijā? Nē, mēs *esam* kazino.

6. 2. Ilze un Andrejs ir *mašīnā*. Viņi brauc uz staciju.
3. *Stacijā* ir pasažieri un tūristi.
4. Tūristi brauc uz muzeju. *Muzejā* ir fotogrāfs. Viņš fotografē tūristus.
5. Rūdis ir *tramvajā*. Viņš brauc uz staciju.
6. Toms Strazds brauc uz banku. Viņš strādā *bankā*.

8. Ventspilī   Kolkā
Krustpilī   Liepājā
Jēkabpilī   Jūrmalā
Limbažos   Tērvetē
Dubultos   Babītē
Talsos   Dobelē

11. 1. Pulkstenis ir vienpadsmit.

2. Pulkstenis ir deviņi un trīsdesmit minūtes (pusdesmit).

3. Pulkstenis ir četrpadsmit (divi).

4. Pulkstenis ir trīspadsmit un trīsdesmit minūtes (pusdivi).

5. Pulkstenis ir deviņi.

6. Pulkstenis ir piecpadsmit un trīsdesmit minūtes (pusčetri).

7. Pulkstenis ir septiņi.

8. Pulkstenis ir divdesmit un trīsdesmit minūtes (pusdeviņi).

12. Pa labi ir baseins, skola, stadions, mašīna, kiosks.

Pa kreisi ir teātris, kafejnīca, parks, policija, aptieka.

Taisni uz priekšu ir katedrāle, bulvāris.

13. 2. Kur ir baseins?   4. Kur ir tirgus?   6. Kur ir šoferis?

3. Kur ir teātris?   5. Kur ir Ilze?   7. Kur ir profesors?

8. Kur ir Rūdis?

14. 1. Jā, te ir banka.

2. Nē, tualete nav pa kreisi. Tualete ir pa labi.

3. Nē, policija nav pa kreisi. Policija ir taisni uz priekšu. Policija ir tur.

4. Jā, es esmu policijā.

16. 2. Mēs *neesam* pavāri.   *Mēs esam* ārsti.

3. Jūs *neesat* ekonomistes.   *Jūs esat* kasieres.

4. Tu *neesi* oficiante.   *Tu esi* farmaceite.

5. Viņa *nav* aktrise.   *Viņa ir* sekretāre.

6. Viņi *nav* mehāniķi.   *Viņi ir* policisti.

7. Viņš *nav* makšķernieks.   *Viņš ir* biologs.

8. Viņas *nav* advokātes.   *Viņas ir* terapeites.

17.

filologs	filoloģe	ārsts	ārste
žurnālists	žurnāliste	jurists	juriste
mūziķis	mūziķe	tūrists	tūriste
profesors	profesore	skolotājs	skolotāja
prezidents	prezidente	kasieris	kasiere
meistars	meistare	advokāts	advokāte
mehāniķis	mehāniķe	terapeits	terapeite

18. 2. Kas ir Andrejs? Kur Andrejs dzīvo? Kur Andrejs strādā?
Andrejs ir šoferis. Viņš dzīvo Rīgā. Viņš strādā taksometru parkā.
3. Kas ir Kronītis? Kur Kronītis dzīvo? Kur Kronītis strādā?
Kronītis ir profesors. Viņš dzīvo Rīgā. Viņš strādā slimnīcā.
4. Kas ir Erna? Kur Erna dzīvo? Kur Erna strādā?
Erna ir aktrise. Viņa dzīvo Rīgā. Viņa strādā teātrī.

19. 1. Erna Lapa   4. Rūdis Liepiņš
2. Ilze Kronīte   5. Ieva
3. Juris Kronītis

22. 2. Vai tu *būsi* jurists? Nē, es *būšu* pavārs.
3. Es zinu, ka viņi *būs* žurnālisti.
4. Vai mēs *būsim* fotogrāfi?
5. Es *būšu* kasiere, bet Valdis *būs* ķirurgs.
6. Igors *būs* oficiants, bet Anna *būs* balerīna.
7. Aivars un Valdis *būs* hokejisti.

25. 1. Labrīt! 4. Atvainojiet, lūdzu!
2. Labdien! 5. Labvakar!
3. Uz redzēšanos! 6. Arlabunakti!

26. Ejiet pa kreisi, pēc tam pa labi, tad pa labi. Tur ir slimnīca.

27. Andrejs: – Kur ir ķirurgs?
Sanitārs: – Viņš ir māsu istabā.
Andrejs: – Kur tā ir?
Sanitārs: – Tā ir *pa labi*.
Andrejs: – Tur viņa nav.
Sanitārs: – Varbūt viņš ir procedūru kabinetā?
Andrejs: – Kur tas ir?
Sanitārs: – Tas ir *pa kreisi*. Varbūt ķirurgs ir bufetē? Bufete ir *pa labi*.
Pacients: – Es zinu, kur ir ķirurgs. Viņš ir ārsta kabinetā. Tas ir *tur, pa kreisi*.

28. 1. Pa kreisi ir pirmā palāta, procedūru kabinets, trešā palāta un nodaļas ārsta kabinets.
2. Pa labi ir otrā palāta, māsu istaba, bufete, ceturtā palāta.

29. 1. Man ir augsta temperatūra.
2. Man ir normāla temperatūra.
3. Man ir paaugstināta temperatūra.
4. Man ir zema temperatūra.

30. 1. Viņam ir augsta temperatūra.
2. Viņam sāp kāja.
3. Viņam sāp kakls.

32. 2. Slimniekam ir gripa. Viņam ir iesnas, sāp kakls.

3. Slimniekam ir apendicīts. Viņam ir slikta dūša, sāp vēders.

4. Slimniekam ir angīna. Viņam ir augsta temperatūra.

5. Slimniekam ir hipertonija. Viņam sāp galva.

33.

plecs	pleci	kāja	kājas
dibens	dibeni	mugura	muguras
pirksts	pirksti	roka	rokas
vēders	vēderi	plauksta	plaukstas
deguns	deguni	skropsta	skropstas
zobs	zobi	lūpa	lūpas
kakls	kakli	mute	mutes
mats	mati	mēle	mēles
vaigs	vaigi	piere	pieres
elkonis	elkoņi		
celis	ceļi		

41. 1) 7282361 3) 04   5) 7284725 7) 7268669
    2) 03   4) 004 6) 450390

45. Es vēlos roku, kāju, sejas krēmu, avīzi "Diena", žurnālu, konfektes, cepumus, zobu pastu, odekolonu, sērkociņus, minerālūdeni, saldējumu, šampūnu, ziepes, grāmatu, cigaretes.

47. 2. Vai tu *zini*, ka tur nedrīkst plūkt puķes?

3. Tūristi *zina*, ka parkā nedrīkst atstāt atkritumus.

4. Vai tu *zini*, kur drīkst jāt ar zirgu? Jā, es to *zinu*.

5. Vai jūs *zināt*, kāpēc parkā nedrīkst dedzināt ugunskuru?

6. Mēs *zinām*, ka parkā var labi atpūsties.

51. 1. Divdesmit plus vienpadsmit ir trīsdesmit viens.

2. Četrpadsmit plus četrpadsmit ir divdesmit astoņi.

3. Piecdesmit plus četrdesmit ir deviņdesmit.

4. Sešdesmit astoņi plus divpadsmit ir astoņdesmit.

5. Deviņpadsmit plus pieci ir divdesmit četri.

6. Astoņdesmit mīnus divdesmit ir sešdesmit.

7. Simts mīnus piecdesmit ir piecdesmit.

8. Divdesmit viens mīnus viens ir divdesmit.

9. Četrdesmit astoņi mīnus četrdesmit pieci ir trīs.

10. Trīsdesmit pieci mīnus piecpadsmit ir divdesmit.

53. 2. Vai tu *dzer* minerālūdeni?

3. Mēs *dzeram* kafiju ar krējumu.

4. Viņi *dzer* limonādi.

5. Vai jūs *dzerat* pienu? Nē, es *dzeru* kefīru.

54. Rūdis ēd borščču, karbonādi un banānu krēmu. Borščs maksā latu un četrdesmit santīmu. Karbonāde maksā divus latus un piecpadsmit santīmu. Banānu krēms maksā deviņdesmit piecus santīmus. Rūdis dzer kafiju ar balzamu. Tā maksā latu un divdesmit santīmu. Tas viss maksā piecus latus un septiņdesmit santīmu.

55. 2. Cikos Ilze pusdieno? Ilze pusdieno trīspadsmitos (vienos).

3. Cikos Rūdis ēd launagu? Rūdis ēd launagu sešpadsmitos (četros).

4. Cikos Juris Kronītis ēd vakariņas? Juris Kronītis ēd vakariņas astoņpadsmitos (sešos).

56.

	jā	nē	tekstā nav
Rūdis neēd restorānā.		+	
Kafejnīcas "Palete" šefpavāru sauc Mārtiņš.	+		
Rūdis pusdieno pulksten 13.00.		+	
Rūdis ēd divas porcijas boršča.			+
Rūdis dzer kafiju ar cukuru.		+	
Rūdis neēd krabju salātus.			+
Rūdim garšo banāni.	+		
Dace strādā restorānā "Līgo".		+	
Rūdis ēd vakariņas 19.30.	+		

61. Fredis pārdod ābolus, ķiršus, bumbierus, mandarīnus, apelsīnus, plūmes, aprikozes, zemenes, upenes, mellenes, avenes, jāņogas, vīnogas, ērkšķogas, dzērvenes.

66. Ilze pērk maizi, pienu, sviestu, sieru, minerālūdeni, makaronus, gaļu un desu.

73. Tedis ir parkā, pie būdas, uz balkona, pie upes, zem koka, vannā.

75. 3. glāze – glāzes   7. tējkarote – tējkarotes

4. nazis – naži   8. kafijas kanna – kafijas kannas

5. karote – karotes   9. cukurtrauks – cukurtrauki

6. dakšiņa – dakšiņas   10. salvete – salvetes

76. 2. Lūdzu, padodiet *šķīvi* un *glāzi*!   5. Padodiet, lūdzu, *nazi*!
3. Ilze, padod, lūdzu, *dakšiņu*!   6. Erna, padodiet, lūdzu, *salveti*!
4. Vai jūs nevarētu padot *cukurtrauku*?

78. 1. Ilze ir *Rotas* un *Jura* meita, *Ernas* un *Tom*a mazmeita, *Zanes* un *Mārča* māsīca.
2. Rota ir *Ilzes* māte, *Ernas* un *Toma* meita, *Jāņa* māsa, *Jura* sieva.
3. Juris ir *Ilzes* tēvs, *Ernas* un *Toma* znots, *Rotas* vīrs.
4. Erna ir *Rotas* un *Jāņa* māte, *Toma* sieva, *Ilzes, Zanes* un *Mārča* vecāmāte, *Jura* sievasmāte, *Daces* vīramāte.

79. 1. mana māte, 2. brālis, 3. māsas vīrs (svainis), 4. māsīca, 5. tante, 6. vīrs

82. 1. Tā ir *Ilzes vecāku* istaba.   2. Tā ir *Rūda* istaba.   3. Tā ir *Ilzes* istaba.

85. 1. Dace, 2. Ieva, 3. Jānis, 4. Juris, 5. Igors, 6. Raimonds, 7. Elza, 8. Anna

91. 1. Vēlos strādāt par skolotāju. Es runāju angliski.
2. Vēlos strādāt par oficianti. Es runāju latviski, krieviski un angliski.
3. Vēlos strādāt par pavāru. Es runāju latviski.

94. Jurim dzimšanas diena ir divdesmit pirmajā novembrī.
Ernai dzimšanas diena ir divdesmit trešajā martā.
Alisei dzimšanas diena ir divpadsmitajā oktobrī.
Rūdim dzimšanas diena ir divdesmit devītajā aprīlī.
Tomam dzimšanas diena ir devītajā augustā.
Fredim dzimšanas diena ir desmitajā februārī.
Ilzei dzimšanas diena ir divdesmit otrajā maijā.
Saulvedim dzimšanas diena ir trīsdesmit pirmajā decembrī.
Žanim dzimšanas diena ir otrajā jūnijā.

95. Erna ir dzimusi tūkstoš deviņsimt divdesmit devītajā gadā.

Toms ir dzimis tūkstoš deviņsimt divdesmit astotā gada trešajā oktobrī.

Saulvedis Gurķis ir dzimis tūkstoš deviņsimt piecdesmitajā gadā.

Ilze ir dzimusi tūkstoš deviņsimt septiņdesmit sestā gada divdesmit otrajā maijā.

Andrejs ir dzimis tūkstoš deviņsimt septiņdesmit otrā gada septītajā janvārī.

Juris Kronītis ir dzimis tūkstoš deviņsimt četrdesmitajā gadā.

Fredis ir dzimis tūkstoš deviņsimt piecdesmit pirmā gada desmitajā februārī.

Rūdis ir dzimis tūkstoš deviņsimt septiņdesmit ceturtā gada divdesmit devītajā aprīlī.

Alise ir dzimusi tūkstoš deviņsimt septiņdesmit piektā gada septiņpadsmitajā janvārī.

96. 1. Nāc ātri pie telefona!   4. Mums ir daudz laika. Brauc lēnāk!
2. Mums nav laika. Ēd ātrāk!   5. Es nesaprotu. Runā lēnāk!
3. Kurš skrien visātrāk?

97. Igora Petrova,   Firmas "Ritom" prezidentei
dzīv. Parka ielā 11–21,   cien. Lapiņas kundzei
Jelgavā, LV-3001,
tālr. 3021324,

iesniegums

Lūdzu pieņemt mani darbā firmā "Ritom" par autovadītāju.
Pielikumā: 1) vidējās izglītības diploma kopija,
2) 3 fotokartītes,
3) autovadītāja apliecības kopija,
4) dzīves apraksts.

Jelgavā 1998. gada 6. novembrī   *I. Petrovs*

98. Aicina darbā enerģisku, komunikablu reklāmas konsultantu. Obligātas latviešu, krievu un angļu valodas zināšanas. Vēlama autovadītāja apliecība un prasme strādāt ar datoru.

100. Tūrists zvana uz Rīgas centrālo staciju.
Klients zvana uz banku.
Slimnieks zvana uz slimnīcu.

103. Viņi pērk C vitamīnu, polivitamīnus, tabletes, mikstūru, tinktūru, vati, marli, plāksteri, leikoplastu, termometru.

105. 2. Man sāp galva. Lūdzu, zāles pret galvassāpēm.
3. Es slikti guļu. Lūdzu, zāles pret bezmiegu.
4. Man ir klepus. Lūdzu, zāles pret klepu.
5. Man ir augsta temperatūra. Lūdzu, zāles pret temperatūru.

106. 2. Ja sāp galva, lieto zāles pret galvassāpēm pa vienai kapsulai divreiz dienā.
3. Ja ir klepus, lieto zāles pret klepu pa vienai tabletei trīsreiz dienā.
4. Ja ir iesnas, lieto zāles pret iesnām pa sešiem pilieniem sešreiz dienā.

108. Viņš ir gara auguma. Viņam ir ūsas, bet nav matu. Viņš ir plikgalvis. Viņam ir apaļš vēders. Viņš ir resns. Viņam ir tetovējums uz rokas.

119. a) Itālijā runā itāliski.   b) Poļi runā poliski.
Dānijā runā dāniski.   Norvēģi runā norvēģiski.
Latvijā runā latviski.   Somi runā somiski.
c) Lietuvieši dzīvo Lietuvā.
Ukraiņi dzīvo Ukrainā.
Igauņi dzīvo Igaunijā.